JN334753

ルポ　京都朝鮮学校襲撃事件

ルポ　京都朝鮮学校襲撃事件

〈ヘイトクライム〉に抗して

中村一成
Il-song Nakamura

岩波書店

目次

写真・中山和弘

1　当日

いつもの昼休みだった。

弁当を食べる子もいれば、連れ立って一階中庭の水道に歯を磨きに行く子どももいた。五限目が始まる午後一時一五分までの、いつもと変わらぬ繭の中のような時間が流れていた。突然、三年生の男児三人が二階の教室に駆け込んできた。少年たちは怯《おび》えた様子で、この年、教師になったばかりの鄭《チョン》由希《ユヒ》（一九八八年生）に訴えた。「ソンセンニム《先生》、変な人に声かけられた」『こっちおいで』って言われた」「知らん人がいる」――

二〇〇九年一二月四日午後、「在日特権を許さない市民の会（在特会）」と「主権回復を目指す会（主権会）」のメンバーらが、京都朝鮮第一初級学校南側に集合した。同校はその歴史的経緯（次章で詳述）から、敷地が狭く、グラウンドがない。そのため、道路を挟んで位置する勧進橋公園を校庭代わりに使い、朝礼台とサッカーゴール、スピーカーを置いていた。「在特会」らは、これを「五〇年あまりの不法占拠」などと煽《あお》り立て、「公園奪還」を掲げて街宣に来たのだった。

実行したのは計一一名。中心人物は、彼らの活動スタイルであるネットでの一般参加は呼びかけず、日頃の活動仲間にだけ声をかけた。衝突の事態を想定していたのだった。

鄭が高炳棋《コビョンギ》校長（一九五七年生）に一報を入れ、窓際に行くと、数人の男たちがたむろしているのが見えた。カーテンを閉めてほどなく、拡声器の割れた声とハウリングの金属音が響き始めた。そもそもグラウンドを設けられないほど狭い土地に造られた学校である。校舎の床面積はワンフロアあたり約四〇〇平方メートル強、シングルのテニスコートが二面入る程度だ。窓ガラスが震え、汚い言葉が飛び込んでくる。三年生になれば次々と投げつけられる差別用語の意味もある程度は分かる。子どもたちの間に動揺が広がっていった。「大丈夫だからね、大人たちが守ってくれるからね」——

三年生の教室に一人、まさにこの日が誕生日の女児がいた。「なんで、誕生日にこんな目にあわないといけないの……」。火が付いたように女児が泣き出す。嗚咽《おえつ》はしだいに教室中に伝播していき、一六人いた子どもの半数以上が泣きじゃくった。このまま壊れてしまうのではないかと思うほどの激しさだった。「大丈夫だからね。あなたたちは悪くないからね。警察も来るからね」。鄭は必死で子どもたちをなだめた。

二階は低学年のフロアだった。南門に一番近い一年生の教室では、教員歴四〇年のベテラン、全京愛《チョンギョンエ》が子どものケアに追われていた。「いつものようにお弁当を広げて『さあ食べましょう』と言って、少しした時でしたね。忘れません。『開けんかいっ！』とかいう怒鳴り声がしたので窓から外を見ると、校門の向こうに、ガムテープを貼ったヘルメットをかぶった人間が見えて、怒鳴り声が聞こえてきました。今でも忘れられないのは『スパイ養成機関』とか『出て行け』とか……本当に悔しかった」

二年生の担任の男性教師が、襲撃者たちの侵入を防ごうと一階に駆け降りて行く。フォローしなければ、と全は思った。廊下に出ると罵声がよりはっきりと聞こえた。「『教室から出ないでね』と子どもたちに言ってから、二年生の教室のカーテンを閉めに行きました。廊下に出ると三年生の教室から泣き声が聞こえてきて、見ると三年生の担任が『先生、どうしよう……』って。私も行って、一緒に『大丈夫だからね、警察がもうすぐ来るから』って」。歯磨きの時間だったが、水道は中庭にある。外に出て行くなど論外だった。トイレに行くにも窓の外を見せまいと、子どもを抱えるように教師が付いて行った。「ご飯を食べた二年生と一年生をひとつの教室に集めて、好きなように遊ばせました。みんなでガヤガヤさせれば少しでも外の声が聞こえないだろうと。卑劣だと思いました……後で聞きましたけど、少なくともあのうちの一人は小学生くらいの子どもがいるんですよね。どうしてあんなことができるのか」

大音量の怒号

校舎は三階建て。この日、南門とは反対側にある最上階の講堂で、四年生から六年生の子どもたちが滋賀初級学校と京都第二、第三初級学校の高学年との交流授業をしていた。

講堂にいた滋賀朝鮮初級学校の教師、鄭想根《チョンサングン》（一九五八年生）は、そこに飛び込んできた同僚の姿を覚えている。「下で大変なことが起こってます。すぐに下りてください」。階段を駆け降りて校舎を出ると、南側の門の外に何者かの姿が見えた。さらに校門に向かって二〇メートルほど走ると、ジャンパーや作業着姿の男たち五、六人がいるのが分かった。「おい、門あけへんのか、戸ぉあけへんのけ」「嘘ばっかりつけや、ボケ！」「このボケ！　コラ」。応対していた校長や教務主任（＝教頭）に対して、彼らは肉声で怒号を浴びせていた。

「でも何が起こったのか分からなかったです。右翼団体の街宣は経験ありますけど、彼らは全然違っていましたね。文言といい態度といい」。目の前で展開される事態の異常性に一瞬、茫然としていた鄭想根だが、すぐに背後の校舎に思い至った。子どもたちがいるのだ。第一初級の校長と教務主任は一階で侵入防止に懸命になっている。駆け降りた階段を再び駆け上がり、ひと呼吸置いてから講堂に入ると、子どもたちのフォローにあたっていた女性教師四人を集めて静かに指示した。「まずカーテンを閉めてください。それからスピーカーの音量を最大にして音楽を流してください。あんなものを見聞きさせてはショックしか与えない。異様な状態に気づかせないようにゲームを盛り上げて進行してほしい」。それから教師全員で確認した。「平常心で対応しよう。子どもを守ろう」。そして再び一階に下りた。

すぐに主犯が拡声器を使い始めた。「門を開けなさい！」。平日の学校前である。校長がたまらず「ここは学校です」と自制を求めると、襲撃者たちの罵詈《ばり》雑言《ぞうごん》はエスカレートする。「金日成《きんにっせい》、金正日《きんしょうにち》の肖像画を掲げ、日本人を拉致した朝鮮総連傘下、朝鮮学校。こんなものは学校ではなぁ～い！」。主犯がコールすると、男たちは一斉に「そうだぁ～！」と唱和する。話し合いが成立するレベルではない。

「私も何が起こったか分からないわけで、通常から考えればかなり動揺していたと思います。でもどこかで冷静に全体を考える部分があった。それはあの経験があったからです」と鄭想根は言う。「あの経験」とは、二〇〇七年一月、鄭の勤める滋賀朝鮮初級学校に大阪府警の家宅捜索が入った事件である。滋賀朝鮮学園の敷地で車庫登録していたディーゼル車が、実際は大阪市内で保管されていた、俗に言う「車庫飛ばし」の件だった。大阪の同胞商工人から頼まれた滋賀の総連幹部が、軽い気持ちで保管場所として登録させてしまったのだ。大阪市のディーゼル規制を逃れるため、規制の緩い滋賀で登録したのだろう。もちろん違法行為ではあるが、学校と朝鮮総連滋賀県本部への家宅捜索は、機動隊を含め約一三〇人を動員するという大規模なものだった。しかも本来は交通関係事案なのに、捜査は大阪府警外事課の指揮である。捜索は四時間に及び、学校の各部屋に土足で上がり込んだ捜査員たちは、容疑名（電磁的公正証書原本不実記載）と関係があるとは思えない教員や保護者の連絡簿類を軒並み押収していった。

それこそが目的だったのだ。

　捜索の際は、住宅地の中にある小さな学校の出入り口に完全装備の機動隊員が立ち、捜索に必要な「立ち会い人」以外の学校関係者を締め出した。抗議の意志を示そうと、壁を登って学校に入ろうとするヤンチャな子どもたちもいたが、官憲に制された。捜査の対象はヤクザの事務所でもなければ、新左翼団体の拠点でもない。子どもが通い、学ぶ学校なのだ。施設を官憲が取り巻くことそれ自体が地域社会からの白眼視をもたらす。「あの時にぼくがやったのは、警察と交渉して機動隊の配置を変えさせることでした。『この地域はお年寄りも多い。物々しい空気を振りまかないでほしい』『校門の前には立たないでほしい』と。警察に怒鳴っても効果はないんです」。二〇〇七年の滋賀初級弾圧に対峙する経験から培われた、「冷静に全体を観る」という態度が、今回の在特会らによる攻撃時に役立ったのだ。

予告

　京都朝鮮中高級学校の元教師、柴松枝《シソンジ》（一九四二年生）が学校に着いたのは、襲撃者らが拡声器を使い始めてすぐだった。昼食をとっていた午後一時前に学校から電話を受け、大急ぎで何人かに連絡を入れるとバイクに跨《またが》った。職場のある京都朝鮮会館から学校まで、どの道を通って行ったのかも記憶にない。道中で反芻していたのは「『ついに来たんだ』って。私たちの宝に……怒りで全身が粟立ちました」

「ついに来たんだ」――襲撃は二週間前に予告されていた。この年の一一月二二日、京都朝鮮会館で催された上田正昭京都大学名誉教授（古代史）の「日朝友好講演会」に、今回の襲撃者らが街宣をしかけた。その際に主犯は、「いつとは言えんけど京都朝鮮学校に街宣をかける。奪還する」と口にしていた。その段階で彼らはすでに、在特会と主権会の有志で第一初級を襲撃するとのビデオを作成し、動画サイト You Tube に投稿していた。公園のサッカーゴールや朝礼台、スピーカー、そして学校と子どもたちの日常などを映した映像に、「これは叩き出しましょうね、近いうちに、一二月初旬に叩き出して」などの言葉がかぶさり、「こうご期待」とフォロワーを煽るものだった。

予告はすぐさま学校側に伝えられ、学校と保護者代表、朝鮮総連の間で対策が協議された。「保護者や子どもの不安を煽らないため、襲撃予告の情報は教職員と保護者会幹部の間で止める。何かあれば男性教員は一階に下りて侵入を防ぎ、女性教員は教室に残って子どもたちを守る。子どもたちがいる教育の現場である。事態のエスカレートを防ぐため、何を言われても応対はしない、ましてや絶対に手は出さない。保護者は学校には来ない」。これらが「Xデー」の基本的な対応方針だった。

柴はその実務の中心だった。つき合いのある府会議員や市会議員にも対応を相談し、京都府警南署にも子どもの安全を守ってもらうように申し入れをしている。だが警察の対応は「何かが起こったら対応します。連絡してください」だった。

後述するが、第一初級は当時、阪神高速道路の延伸工事に伴う子どもの安全確保と公園使用をめぐる問題を抱えており、柴はこの頃、市役所と第一初級に頻繁に足を運んでいた。学校に急ぐ柴の脳裡にはいつでも「アンニョンハシムニカ」と挨拶してくれる子どもたちの姿が浮かんでいた。「予告の時の街宣も、本当に下品で酷かった。あれがまさか子どもたちのいる学校で行われてるなんて、考えたくなかった」

到着するとすでに、事態を聞きつけた地元の同胞青年数人が駆けつけていた。ほとんどが教え子である。まずは彼らに朝鮮語で「落ち着きなさい」と釘を刺した。「本当は私が一番、外に出てひっぱたいてやりたかったけど、子どもの前で暴力なんて見せられない。すでに警察を呼んだと学校側も言ってたから、後は我々で一〇分ぐらい持ちこたえたら何とかしてくれるだろうと思ってた」。防衛策は事前の協議の通りに進んでいる、そう思っていた。だが、その期待は裏切られた。「警察が来たけど見てるだけでした。何もせずに目の前で何かを協議してたりもする。私、腹が立ってね。『何してるんです！止めさせてくださいよ！』って言ったら『こんなに酷いと思わなかったので応援を呼んでる』と」

オモニ会（母親会）の代表、朴貞任《パクチョンイム》（一九六七年生）はその日、たまたま仕事が休みで自宅にいた。携帯電話が鳴ったのは、襲撃者らが拡声器を使いだしたときだった。「家でご飯を食べた後か前だったかな、くつろいでると学校の近所に住んでるオモニから電話があって、『学校が大変なことになってる』って。電話の向こうでワンワンと割れた音が響いてて。『ついに来たか』って」

警察への警備要請や連絡体制の決定など、いわゆる「Xデー対策」の話合いには朴も参加していた。『やることはやった』とどこかで思い込んでたんですね。まさか子どものいる場所で乱暴なことはしないはずだろう、やっても休日に二、三人で来て何か言うくらいだろうって考えてたけど、私が甘かった」

事前の申し合わせでは、保護者は学校に駆けつけないことになっていた。襲撃者との衝突を回避するためだ。オモニ会会長である朴はそれを他の保護者たちに周知・徹底する立場だったが、不安と恐怖は制御不能になっていった。「子どもら、どうなってるんやろ」との思いをめぐらせているうち、気がつけばいつの間にか車のハンドルを握っていた。鴨川沿いにある学校の対岸を走り、堤防の上をぐるぐると回りながら一瞬、向こうに見える学校の様子をうかがった。とはいえ校地に入ることはできない。堤防で何度も車を停めて窓を開けた。拡声器から、言葉は聞き取れないものの、はっきりと分かる怒声が聞こえてきた。「甘かった、私が甘かった、私の甘さで子どもを守れなかった……」。抑えようのない悔恨が突き上げて、涙が流れた。

アボジ会（父親会）副会長の金尚均《キムサンギュン》（一九六七年生）が学校に入ったのは、応援の警察官が到着する少し前だった。昼食の準備をしていたとき、教務主任から連絡が来た。「その段階で、電話口からすごい音が聞こえてきました。国際電話で雑音がすごい時があるけどあれとは全然違う、割れた怒号ですよね。一瞬で体が硬直しました」。緊張で軽い腹痛を覚えながら、勤務先から自転車で急ぎ学校に向かった。

一〇〇メートルほど離れた地点ですでに怒鳴り声が聞こえてきた。彼らが集まり、怒号を発していた南側とは逆の北門から校内に入った。「入ると門のとこで学校職員の方が泣いていました。ぼくが最初に聞き取れたのは『お前らウンコ食っとけ、半島帰って』でしたね」。すでに二〇人ほどの関係者が男たちの侵入を防ごうと校門の内側に立ち、路上を徘徊し罵詈雑言をまき散らす襲撃者と向き合っていた。

「戦果」

後に刑事事件化することになるこの犯罪行為とはいかなるものであったか。その一端は襲撃者が自ら撮影し、「戦果」として動画サイトに投稿した映像からうかがい知ることができる。

映像は、アップテンポの音楽を背景に、京都駅に降り立ったカメラが早回しで構内を駆け抜けるシーンで始まる。地下街を抜けたところで場面が切り替わり、カメラは「京都朝鮮第一初級学校」の看板と校門を舐《な》めるように映し出す。「ハイライトシーン」のダイジェストに続いて、本編が始まる。「ニュートラル」を自称する動画撮影者の編集である。

襲撃者の何人かがカメラに向かいお辞儀する。「ご安全に」「安全第一」「来ました。やってまいりました」。どこか誇らしげな笑みには、疚《やま》しさのかけらもみえない。公園の北西角にワゴン車を止めて談笑する襲撃者たちの表情は、彼らの言う「進軍」前の緊張感に高揚している。なかにはこれからの「闘い」に備えてアキレス腱を伸ばしている者までいる。

カメラは道路を「主人公」と並走する。彼が校門に達すると、すでに門の前にいた別の襲撃者がフレーム内で合流する。一人が子どもに向かって「こっちおいで」と声をかけると、犯人の目線で校門の中が映る。声をかけられた子どもが中庭からサッと校舎内に逃げ込み、すでに事態を察知した校長と教務主任が現れる。教員の一人が証拠のために構えたデジタルビデオを指して、男たちが怒鳴る。「おい、だから『肖像権の侵害やぞ』言うてんねん」「こら犯罪朝鮮人、舐めた真似さらしやがって」――

校長が自制を求めるとますますボルテージを上げ、主犯がハンドマイクで怒号を浴びせ始める。向き合った校長と教務主任の後ろを子どもたちが時折通る。異変に気づいた女児がピンで留められたように茫然と立ちすくみ、教務主任が心配そうに何度も女児に目をやっている。

あとはひたすら罵詈雑言と怒号である。「北朝鮮のスパイ養成機関、朝鮮学校を日本から叩き出せ〜」とアジり「タァータキィダセェー」と唱和する。「こらチョンコ」「この学校の土地も不法占拠」「我々の先祖の土地を奪ったんですよ、全部これ。戦争中、男手がいないとこ、女の人をレイプして虐殺して奪ったのがこの土地」「これはね侵略行為なんですよ、北朝鮮による」「日本に住ましたってんねや」「お前ら道の端あるいとったらええんや」「約束というのはね、人間同士がするもんなんですよ。人間と朝鮮人では約束は成立しません」「スパイの子どもやないか」「密入国の子孫」「キムチ臭いねん」――

この動画は今でも「京都朝鮮」「勧進橋」と入力すれば簡単に見ることができる。そしてこのタームでヒットするサイトは軒並み彼らの言動を英雄的行為のように称える書き込みで溢れている。彼らにとってこれは、「正義の実現」なのか。そして「差別」とは、エンターテインメントの一つなのだろうか。

主犯は学校の公園使用を「五〇年あまりの不法占拠」と繰り返す。次章で詳述するが、第一初級の公園使用は一九六三年、運動場のない学校が京都市と地元自治会との三者合意を取り付けて続けてきたことだった。その当時、グラウンドのない学校が近くの公園を運動場として使うのは珍しいことではなかったし、襲撃事件が起きた段階でも、京都市立の中学校四校と小学校一校が公園を運動場に使っていた。

学校の南側、勧進橋公園との間の路上には日の丸や、在特会、主権会ののぼり旗が並び、閉め切られた校門の前を襲撃者たちが肩をいからせながら徘徊しては、拡声器でがなり立てる。あまりの酷さにたまりかね、近隣住民の年配女性が注意すると、襲撃者らの怒号は彼女にも投げつけられる。それでも、「あの迫力は動画では伝わりません」と金尚均は言う。「最初、ぼくは闇金の取立てか何かかと思いましたね。驚いたのは彼らの言葉の古さでした。言葉って発展するのに、何十年も前の差別用語ですよ。『チョンコ』のイントネーションもぼくが言われた昔のまんまです。やはりビクッとしますよ。怖かったのは彼らの語彙の少なさです。非常に断片的で、それゆえに相手を非常に傷つける言葉を、ある意味で的確なタイミングで使うわけです。もっと怖かったのは言葉と言葉が通じ合わない。人間としての会話が成立しないということでした」

異変を察知する子どもたち

怒号は激しさを増す一方だったが、鄭想根の機転が奏功したのだろう、多くの子が泣いていた二階とは違い、三階ではその時点で取り乱す子はいなかったという。「罵声は聞こえなかった」「気がつかなかった」という子どももすらいる。とはいえ、子どもたちの多くは教師たちのただならぬ雰囲気で何かが起こったと察知していた。当時の生徒は語る。「男の先生がいなくなったと思ったら、また戻ってきたり、出入りがあわただしくなりました。あの時は学校対抗で、朝鮮の山の場所とか観光地なんかを当てるクイズをやってたんですけど、『これからはボーナスポイント〜』なんて言って、先生がとにかく場を盛り上げるわけです。憶えてるのは簡単な問題を出したりして、やたらと『当たり』を出してました。『先生、今日はサービスいいなあ。でもなんか変だなあ』って」

在特会らの動画では、窓を開けて顔を出し、外を見る男児の姿も映っている。生徒によれば、「先生に叱られるから他の子は真似して窓を開けたりはしなかったけど、窓から外を見る子はいました。その子は『門の中にアボジとか先生がいてて、外には日本の旗と全然知らん人らがいてる』って言ってましたね」。連絡を受けた学校関係者らが一階に詰めかけ、学校前の路上には怒号を発する襲撃者が陣取り、その周辺を警察官がうろうろしている。何事かと出てきた近隣住民がそれを遠巻きにしていた。

交流授業が終わっても生徒たちは校舎内での待機を指示された。異変を感じて妹の様子を見に二階に下りた女子生徒が教室に飛び込んできた。五年生の生徒は言う、「『低学年が泣きじゃくってる』って。『大変だ』って四、五人で下りてみたら、もうみんな言葉が出せないくらいに激しく泣いてました。泣きじゃくってしゃべれないから、私たちも何が起こったのかも何も分からないんです。とにかく下りて行った上級生で泣いてる子を何人かずつ抱きかかえて、『大丈夫だからね。もう大丈夫、あなたは悪くないからね』って背中をさすってました……」

南門にいちばん近い一階を使う幼稚班(幼稚園に相当)は、第一初級、第三初級の幼稚班との合同サッカー教室で市内北部に出ていて、怒号に直面することはなかった。たとえ意味が分からないとはいえ、あの拡声器の怒鳴り声を浴びずにすんだのは不幸中の幸いだったが、いつ終わるとも分からない差別街宣／ヘイトデモに、学校に戻ることができなくなっていた。

「我々は今日、京都市の緑地管理課からここの使用許可を取っております」。デモは許可を得ていると主犯は何度も繰り返した。後にそれらは「はったり」だったと分かるのだが、その時は違った。このデモを市役所が「許可」し、警察が「黙認」する。校門の内側にいた者たちはどんな絶望感でこの言葉を聞いただろう。「きみたちは完全に包囲されている!」。ハンドマイクで主犯が叫んだ。街宣で子どもたちは事実上の監禁状態に置かれていた。

恐怖

滋賀初級の教師、鄭想根は彼らの行動をデジタルカメラで撮影していた。子どもたちの交流の様子を記録しようと持っていたカメラが、在特会メンバーらの街宣を証拠として記録することになった。「京都の先生から『(相手を)煽らないように記録してください』って言われました。それで私が校舎の近くや門の前に立って彼らの写真を撮っていたら、一人が『そいつを撮れぇっ!』って私を指さしましたね」。在特会側の撮影者はすぐさま鄭にデジタルビデオを向けてきた。

「対応について聞く余裕なんてもちろんなかったですけど、彼ら襲撃者の言動には一切対応せず、校内への侵入を防ぎ、後は警察に任せる方針なんだなって。それは確認せずともすぐに分かりました」。鄭も襲撃者たちの誹謗中傷には反論しなかった。

一方的な怒号。なかでも忘れられないのは、「不逞《ふてい》鮮人」の一言だった。在特会らの動画に音は拾われていないが、何度も投げつけられたという。「その時、私たちの父母や祖父母たち、植民地時代を生きた先人たちは同じことを言われていたんだって。言葉としては知っていても、おそらく私もいま一つピンと来てなかったでしょうね。でもあの時に浴びせかけられたことで、何か先人が受けた侮辱の意味が分かったような気がしましたね」

鄭は侮辱に耐えながら写真を撮り続けた。「後知恵で『無言の抵抗』と言えば聞こえはいいけど、要は無抵抗だったわけです。冷静な部分もありましたけど、逆に感情が高まっている部分もある。最初はやはりどつき回したろかとも思いましたよ。でも初めだけでした」。この場で何をすべきか、何をしたいか……。考えるだけで何もできない自身の無力感が入り混じり、それは恐怖感に変わっていった。

相手をまったく認めない者たちの言葉が、あの場を支配していた。それこそが鄭が感じた恐怖の内実だった。教員を長くやってきた鄭には確信があった。たとえ朝鮮学校に批判的な人であっても、膝突き合わせて話し合えば、分かり合えなくても対話は成り立つ。自分の考えに賛同せずとも聞く耳は持ってくれる——。だがこの場は違った。「まったくの異物でしたね。私たちの立場や気持ちを全否定する、私たちを人間と見なさない言動が誰はばかることなく繰り返され、しかもそれが力を振るっている。こちらはそれを無言で見つめるだけ。人数は十数人だけど、構図としては彼らの言葉があの場を圧倒的に支配している。これは戦慄そのものです。人が人を支配する。人を人としてみない。物として扱い、『排除せよ』『潰せ』と言っている。その言葉が場を支配している。努めて冷静にはしていたつもりですけど、ほとんどの時間、私は恐怖で全身に鳥肌が立っていました」

襲撃者らに支配された空間の模様は、学校側が証拠とし

学校側が撮影した 2009 年 12 月 4 日の動画．差別を「エンターテインメント」に仕立てた襲撃者側動画との落差に慄然とする

て撮影した動画に記録されている。拡声器が金属音を放ち、割れた音での罵声とシュプレヒコールが、いつ止むともしれずに続いていく……。カメラは校門の中から、外を徘徊する彼らを見つめることしかできない。背後の公園に人はおらず、建設中の高速道路の橋脚が無数の鉄筋をむき出しにそびえ、風景の温度をさらに下げる。ただ彼らを映す映像には校門内側の沈黙と、そのさらに後方にいる子どもたちの恐怖までが映り込んでいる。差別を「エンターテインメント」として消費する襲撃者側動画との落差が際立つ。

罵声のシャワーの中で時間の感覚も喪失していた。そのとき鄭は、何も考えずに事態を見ているもうひとりの自分がいることに気づいた。「私は写真を撮っているので最前列にいるわけです。なのに映像として遠くから事態を見ている自分がいました。もっと後ろの高いところから見てるというか、その瞬間は音も聞こえていないに近い。映像だけが動いていました」

いつの間にか学校関係者や卒業生、保護者たちが学校に詰めかけ、一階の校門内は同胞でいっぱいだった。鄭はその時の光景が脳裡から離れない。「最前列からふと後ろを振り返ると、在日の青年たちが真っ直ぐに立ったままで、ただ汚い言葉を吐く彼らを見つめていたんです。その姿を見たら突然、涙が出てきて。あれは一生忘れないでしょうね」

黙認する警察

街宣は続いた。時折、学校側が何かを言うが会話は成り立たず、逆に罵詈雑言の大きさと酷さを煽ってしまう。相手の無抵抗に勢いづくように、彼らの行為はもっと大胆になっていった。

学校が設置し、地元の子どもたちも使っているサッカーゴールを引き倒し、公園の隅に置いてあった朝礼台を運び出して校門に乱暴に立てかける。「門を開けろ」「引き取れいうとんのや！」「ボランティアで運んだったんや」「金払え」。執拗な怒号が続く。ついには公園内のバックネットに据え付けてあったスピーカーのコードをニッパーで切り離し、校門前に運び、放置した。学校を守ろうとやってきた青年たちにとって、外され、壊される備品は、学校行事の際、先生や同級生がのぼり、話した朝礼台であり、お知らせが流れてきたスピーカーであり、何度もボールを蹴り込んだゴールだった。

たまらず門の外に出たのが、金尚均の一報で駆けつけた弁護士の石塚伸一だった。その前日、「襲撃があるかもしれない」との相談を金から受け、何かあれば駆けつける心づもりでいたのだった。だが暴徒化した彼らに冷静な話し合いなど通じなかった。「冷静に話し合いましょう」、この一言はさらなる罵詈雑言を誘発していった。

「偽物弁護士！」

「弁護士バッジみせなさい！」

「スパイの弁護士」

一方的に自分たちの言いたいことを並べるだけで、石塚が何を言っても取り合わない。彼に前夜の酒の残り香を嗅ぎつけると、鬼の首を取ったように「昼間から酒呑んでる」と騒ぎ立て、相手を貶《おとし》めようとする。石塚は言う。「怖かったですよ、実際。何を言ってもダメ。話がまったく通じないのももちろんだけど、不安だったのは警察が校門の周りに待機していて、何かあればこちら（学校側）を引っ張る（逮捕する）気なのが伝わってきたことでした。あれだけの騒動になったけど、最後まで逮捕者が出なかったのは不幸中の幸いでした」

警官は、到着した応援組も含め、自分たちは街宣許可を得ていると強弁する彼らの言動をただ困惑した様子で傍観するだけだった。言い換えれば警察は「黙認」していたのだった。近隣の同胞が襲撃者に抗議したり、耐えかねた学校関係者が門から出て襲撃者と接触しかけた時だけ、制帽警官が両者の間に割って入った。まるで民間同士のトラブルを仲裁するかのように。しかも警察官は双方に暴力回避を訴えるだけ。朝鮮学校側には「挑発に乗らないように」と何度も念を押す一方で、警察官は今、現に子どもが教室に閉じ込められ、トイレもままならない状態になっている事態を看過し続けた。

警察は、現行法では刑事責任の判断が難しい「街宣」という行為を黙認しただけではない。スピーカーの切断はれっきとした器物損壊である。子どもがいる学校の前で拡声器を使ってがなり立てるのは威力業務妨害以外の何ものでもない。それら現行犯を警察官は放置した。公安（私服）に至っては完全な観察者だった。警察、とりわけ公安の、差別街宣参加者たちに対する「共犯的な寛容さ」は、差別街宣が社会問題化した二〇一三年にも幾度となく指摘されているが、この事件はその原点ともいえる。それは彼らに、在日朝鮮人たちに対しては「何をやっても大丈夫」とのメタメッセージを発する結果にもなった。警察の不作為も含めたこの街宣の様子は動画サイトにアップロードされ、今に至るまで、そのメッセージをこの社会に向けて送り続けている。在特会らの問題はかなりの部分で、警察の不公正、不適切な職務執行に行きつく。「差別街宣問題」とはその多くの部分で「警察問題」でもある。

金尚均も言う。「何よりもショックだったのは、警察と在特会の見分けがつかないことでした。同じようにデジタルカメラを構えているけど、それは在特会側がアップロードするための『撮影』なのか、警察が『証拠』で撮ってるのかが分からない」。実際に動画を観ても、その様子から警察と在特会を見分けるのは難しい。公安に至っては、ほとんど分からない。

柴松枝も警察に対する絶望と怒りを露《あらわ》にする。「ウロウロするだけで、彼らにボリュームを下げろとも言わないし、備品を壊しても何も言わない。警察って何なんだろって。もうどうしようもないわけです。とにかく時間が過ぎて帰ってほしいと、そればかりでした」

デモが「無許可」であることも、警察には早い段階で分かっていた。それでも言いたいだけ言わせ、やりたいだけやらせたのだ。制帽警官が彼らに自制を求めたのは、デモもようやく終盤にさしかかってのこと。石塚が門の外に飛び出し、弁護士として行動しようとしたのが契機だった。警察は現場に弁護士がいることを知って初めて、本来の「仕事」を始めたのだ。「車庫飛ばし」の微罪に乗じて学校を強制捜査する一方で、子どもたちが差別煽動《せんどう》の被害にさらされている時には、沈黙を守る。これが日本の官憲の姿である。それは植民地時代から一貫して、朝鮮人を治安管理の対象とみなし、管理と監視、さらには排除の対象として遇してきたこの国の姿勢に通じていた。官憲に対してさらに書き足されたこの歴史的不信感は、後の法的応戦でもネックになる。

沈黙効果

一時間に亘るデモは終わり、襲撃者らは引き揚げ始めていた。娘が幼稚園に通っていたアボジ会の金《キム》秀煥《スファン》(一九七六年生)が学校に到着したのはちょうどその頃だった。彼はその日、NPO法人の事務局長として大阪の大学で、「在日外国人人権問題の歴史と現在〜『在日』の歴史を中心に〜在日コリアンの人権と歴史」との演題で、二〇〇人ほどの学生を前に講義を行ったところだった。帰りの電車を待つ駅のホームで連絡を受け、とるものもとりあえず駆けつけたのだ。彼自身、幼稚園から大学まで朝鮮学校で教育を受けた一人である。学校に街宣をかけられたことが許せなかった。日本の学生たちに向けて「多文化共生社会への展望」を語ったのはほんの数時間前のこと。むなしかった。

目に焼き付いているのは門の中で憔悴しきった同胞たちの姿だった。「私が学校に着くと彼ら（襲撃者）が意気揚々と引き揚げていくわけですよ。『また来るからな』とか『こいつら目ぇ死んでんな』とか捨て台詞を残して。ぼくはもう興奮の極みで、警察官に『なんであいつら帰すんや！　事情聴取せえよっ』って抗議したりしたんですけど、他のみんなはシーンとしてました。遅れてきたぼくだけが激怒してて、ものすごい温度差でしたね。その後は来てくださった石塚先生を職場まで送ったんですけど、帰りの車中でも『なぜあれが犯罪じゃないんですか』『なんでこんなことが許されるんですか』とか、半ば詰問調で質問を繰り返して、『ちょっと落ち着いてください』とかなだめられたりしましたね」

オモニ会会長の朴貞任が意を決して学校に行った時、街宣はようやく終わっていた。憶えているのはやはり、信じ難い罵詈雑言のシャワーを浴び続けた同胞たちの憔悴しきった姿だった。

「学校の中に入ったら男性ばかりが疲れ切ってて、うなだれてて……」。学校の一階は普段、子どもを迎えに来た父母や祖父母でにぎわい、ちょっとした社交の場になっている。「それとは全然違う、なんていうか冷たい、もう一二月ですから寒いんですけど、寒い空気が流れてましたね。シーンとして、在特会に対して怒りをぶちまける人もいなければ、対応をめぐって内輪もめをしている人もいなかった」

寒空の下、滋賀初級、第二、第三の高学年が帰途についた。固く閉ざされていた南門がようやく開け放たれた時、学校一階には教員や保護者、卒業生ら五〇人以上が残っていた。在特会らと見分けのつかなかった警察官たちを除けば、相手は一一人だった。数でいえば学校側が圧倒的に凌駕していたが、一時間に亘るヘイトスピーチは門の中にいた彼、彼女らを徹底的に打ちのめしていた。あまりに酷い差別を受けると、少数者は反論できずに沈黙するしかなくなる。さらなる罵詈雑言を恐れるあまりに、もっと言えば人間がここまで堕ちることができるという事実への恐怖から。いわゆる「沈黙効果」だった。

冷たい沈黙の中で最初に口を開いたのは柴松枝だった。「お茶でも淹《い》れよか」。朝鮮学校で三〇年間、体育教師として教壇に立った彼女は、その場に集まった者たちの多くにとって文字通り「師」だった。実際、彼女の教え子たちも、そこにはたくさんいた。「とにかく無理やりにでも落ち着かなきゃ、と言えば恰好いいですけど、実際は私、それしか思い浮かばなかったんですよね」。子どもたちの顔を思い浮かべながらバイクを飛ばした柴である。その後の子どもの様子を聞くと、すっと目を伏せた。

「私……実は子どもたちの顔を一切、見てないんですよ。あの日は学校にも入らなかった。申し訳なくて子どもたちの顔が見られなかった……。高速道路の問題もあって私、頻繁に第一に行ってましたけど、学校に行くたびに子どもたちは私に『アンニョンハシムニカ』って挨拶してくれる。でもあの時、私はその挨拶を受ける資格がないと思いましたね。保護者たちに対しても同じです。真正面から顔を見られなかったです。今の親の世代だったらたいていは私の教え子なんですね。『ウリハッキョ（私たちの学校）だから安心』『ウリハッキョだから大丈夫』なんてこれまで言ってきたのに、実際には教え子の子どもをこんな目にあわせてしまった。護れなかったんですよ、私。ただただ申し訳なくて……」

朴貞任が率先してお茶を淹れ、寒い中で皆に配った。「自分にはこれしかできないんやろか、こんな、お茶を淹れるしかできひんねやろか……情けない、子どもたちを護り切れんかった」。悔しさと情けなさが頭をぐるぐるとめぐり、涙を流しながらお茶を配った。

「お茶を飲むというより湯呑に口を付けるしかできない、そんな感じだった」。アボジ会の金秀煥は振り返る。学校前のスペースで円形に集まり、ただ無言でお茶を口に含んだ。

「とにかくみんなを落ち着けようと思った」と柴は述懐する。彼女の頭の中を駆けめぐっていたのは「こんなん学校やない」との罵声だった。お茶の温かさが少し身に沁みたところで、金尚均が「今日、起こった事態について説明します」と申し出た。

今回の件は器物損壊であり威力業務妨害であり、名誉毀損《きそん》ないし侮辱に抵触すること。自分たちは犯罪の被害者であり、法的に相手の責任を問えるはずだということを金と石塚は説明した。

「自分たちには何の価値もない、同じ人間ではない、平等ではないと一方的に言い続けられたわけです。このまま解散すれば『もしかしたら自分たちが悪いのかも』と思ったり、もしくは親子で徹底的にこの話題を避けて、無かったこと、タブーにしてしまうかもしれない。いずれにしても悪い方向に行くと思った」と金は述懐する。これが後に保護者たちが法的応戦に踏み切る基礎となった。

勢いづくヘイトデモ・ヘイトスピーチ

在特会は、二〇〇六年一二月、第一次安倍政権の発足に後押しされるように準備会を発足させ、翌年一月、正式な活動をスタートさせた。外国人参政権や在日無年金問題の解決に反対する運動を重ねていた在特会にとって、二〇〇九年はその行動が一線を越えた年だった。東の嚆矢《こうし》は「蕨《わらび》市事件」だった。同年四月、「不法滞在」とされたフィリピン人を両親とする中二の少女を標的に、一〇〇人単位のデモ隊で彼女の通う学校前を行進し、「不法外国人を叩き出せ」とシュプレヒコールをあげたのだ。

「子どもの最善の利益」(この場合は日本で両親と暮らしたいという彼女の希望)の確保は、日本も批准している「子どもの権利条約」にも明記された原則である。それが条約より下位(憲法九八条二項)の入管法で規定された「不法滞在」を「理由」に攻撃され、デモの主張が一定の社会的理解を得てしまう。この流れはどこから来ているのか? このときフィリピン人カルデロン一家の代理人を務めた渡辺彰吾弁護士は言う。「一つの起点は二〇〇三年からのいわゆる『不法外国人半減キャンペーン』でしたね」。石原慎太郎都知事（当時）の代表的差別煽動の一つ「三国人発言」（自衛隊駐屯地の式典で挨拶に立った石原知事が、不法滞在外国人が凶悪事件を起こしており、大災害の際には騒乱を起こす恐れもあるなどと発言した）の三年後、都と警視庁、そして坂中英徳が当時局長だった東京入国管理局が推進していった「不法滞在外国人追放キャンペーン」のことだ。「不法滞在」の一言で、国際人権法の精神が簡単に吹き飛ぶ風潮――司法がまさにそれにお墨付きを与えてきた――がつくられ、六年後の二〇〇九年、醜悪な街宣となって噴出した。その流れは強まる一方だと渡辺は言う。「最近では、オーバーステイの在留資格をめぐる裁判に本人を呼ばずに判決を出すのが常態化してますね」。裁判所の常識が『『不法滞在者』の言い分など聞く必要はない」との発想に染められてきているとの懸念である。

この年、関東の在特会は、いわゆる慰安婦問題についての展示に対して開催会場に抗議した上、実際に街宣をかけて来場者の入場を実力で妨害したり（八月）、秋葉原ではヘイトデモに反対するプラカードをもった市民に集団で暴行を加えた（九月）ほか、一一月には朝鮮大学校に押しかけてヘイトスピーチ（差別煽動）をまき散らした。

過激さを競うように関西のメンバーも活動を活発化させた。とりわけ京都は、彼らの一大拠点と化していた。六月には「外国人参政権断固反対」を掲げ、京都市役所前で青空集会を開き、京都市最大の繁華街「河原町通」を二〇〇人近い人数でデモ行進――関西の在特会デモでは最大規模である――したほか、第一初級襲撃を予告した一一月二一日の街宣など、朝鮮総連への攻撃を活発化させていた。

一線を越えれば後はとめどなかった。第一初級襲撃事件の後、この事件の主犯が中心となり、徳島県教組襲撃（二〇一〇年四月）、ロート製薬襲撃（二〇一二年三月）など刑事事件化したものを含む差別街宣が行われ、それは二〇一三年に入って鶴橋駅前で繰り返されたヘイトデモへとつながった。それほどまでに、この社会が溜め込んできたレイシズムの毒素は、その病理に見て見ぬふりをする社会の隅々にまで行き渡り、噴き出す寸前まで膨張していたのだ。

第一初級襲撃事件はその過激化の嚆矢だった。それゆえ被害者たちの衝撃は想像を絶するものがあった。襲撃者らの素顔に迫った安田浩一のノンフィクション『ネットと愛国――在特会の闇を追いかけて』(講談社)が刊行されるのは襲撃事件から二年半後のことである。事件直後は彼らが何者かも分からなかった。自発的意思なのか? 誰かから対価をもらっての営業行動なのか? まったく正体の分からぬ集団によって、出所も原因も不明の憎悪がただ浴びせられる。何をしでかすか分からない集団からの理由の見えない憎悪、そして何があっても自分たちは「守られない」かもしれない不安と恐怖は察するに余りある。

この国の法制度では守られない。それは刑法学者でもある金尚均にはいっそう深刻なものだった。襲撃予告を知って以降、金は知己のある弁護士に何ができるかを訊いて回った。だが回答は軒並み「何かが起こらないと対応できない」「実際にことが起きたら連絡をしてほしい」。当日、駆けつけてくれたのは大学の同僚でもある石塚伸一弁護士だけだった。しかも当日の警察の対応は徹底した放置である。「これってどないもできひんの?」「これって法的にいいの?」――罵詈雑言が浴びせられる門の中で、何人もの同胞から聞いた言葉が金尚均には突き刺さった。問いは保護者の金ではなく、刑法学者としての彼に向けられていたからだ。「理屈では分かってたことなんですけど、日本ではあれを規制する法律はないんだと。日本ではあんな発言がもしかしたら『表現の自由』の中に含まれてしまうのかもしれないとあの時、実感しましたね」。これが、金の法的闘争のスタートだった。

2　第一初級学校の歴史、変わる状況

得てして朝鮮学校は、校舎近くのランドマークを愛称とする。京都でいえば、京都朝鮮第一初級（右京区）はすぐ近くの松尾大社にちなんで「松尾」、京都朝鮮中高級（左京区）なら「銀閣寺」だ。それは、共同性を確認する隠語であると同時に、日本人が多数を占める空間で「朝鮮学校」と口にすることで生じる「面倒臭さ」を回避するある種の知恵なのだと思う。旧第一初級は、近くに架かる「勧進橋」の愛称で呼ばれていた。

排ガスと騒音をまき散らし、大型トラックが次々と通り抜けていく。幹線道路沿いの殺風景な景色の中に取り残された小さな建物は、道路沿いに掲げられたハングルの横断幕「가슴에는 민족의 넋을！ 눈은 세계에로！」（胸には民族の心を！ 眼差しは世界へ！）がなければ見落としてしまうほどだった。校舎脇の物置のトタン屋根を突き抜けてそびえる巨大な針葉樹も灰色にすすけている。クリーム色の校舎に沿って勧進橋公園の方へ回り込むと、視界に巨大な高速道路が飛び込んでくる。事件当時、延伸工事が行われていた阪神高速道路八号線である。学校の南側に差しかかると、巨大な橋脚三基が公園に突き立てられたように立つ異様な光景がひらける。

学校と公園との間には、譲り合えば乗用車が対面通行できるほどの狭い道路がある。襲撃者が徘徊し、

あらん限りの罵詈雑言をまき散らした場所だ。「あの時」と同じように水色の門は閉じられている。違うのは、今は無人だということだ。事件からおよそ二年後の二〇一二年、学校は京都市北区の京都朝鮮第三初級学校と合併、その一年後に京都朝鮮初級学校として伏見区へと移っている。閉校からちょうど一年、二〇一三年の春、私は旧第一初級を訪れた。校内を見ると、排水溝やアスファルトの裂け目から、雑草が生い茂っている。校舎は驚くほど道路に近く、採光のためにたくさんの窓がある。カーテンや音楽ぐらいでは、あの罵声を遮断することなど到底、かなわなかっただろう。当時、低学年が使っていた教室の窓を覗くと、壁にハングルで書かれた時間割表が貼ったままになっている。襲撃者らに声をかけられた子が歯磨きをしていた中庭の水道の傍には泥の付いていない一輪車と三輪車が放置され、公園から見えるようにだろう、門の正面に置かれた、おそらく誰かが寄贈した時計はまだ、時を刻んでいた。

かつてグラウンドとして使われた公園は様変わりしている。学校が授業で使っていた北側には緑地と築山が設けられ、すべり台や雲梯《うんてい》が設置されている。南側の橋脚の下は平地のままで、水を含んだ黄土色の地面がむき出しになっている。私は数年前、いつものように公園で開かれた学校の運動会を訪れたことを思い起こした。中央の競技トラックを取り巻く形で家族単位のシートが敷きつめられ、料理と飲み物を中心にした輪ができる。保護者参加の競技も少なくない。トラックとシートの上を往復しながら、参加者全体がつながっていく。人々はそれぞれのための年一度のお祭りを楽しんでいた——。

歓声で彩られた公園は後にヘイトデモの場となり、子どもたちや保護者、教員らの喜怒哀楽が染み込んだ地面にヘイトスピーチが日本社会の吐瀉物《としゃぶつ》のようにぶちまけられた。公園はその後、それらすべての痕跡を拭い去るかのように整備されたのだった。

朝鮮人の教育運動の原点

京都駅の南東に広がる「東九条」(南区)。植民地期は主に日雇いの土木工事が、「戦後」は林立した友禅の染工場が朝鮮人労働者を吸収して形成された府内最大の在日朝鮮人集住地域である。東九条を南北に走る烏丸通を京都駅から南下すると、西に延びる久世橋通に突き当たる。左折すればすぐ勧進橋だ。東九条をほんの少し出てはいるが、集住地域のまさに南端にへばりつくように建てられた学校の立地は、数々の弾圧の中で民族教育をつないできた代々の闘いの軌跡そのものである。

朝鮮人が朝鮮人として生きる、「異化」の権利を主張してきた場が朝鮮学校だ。その存在は、常に朝鮮人が「同化」を強いられてきたことの裏返しでもある。他者なき世界に安寧を見出す、今も変わらぬこの社会の病理は、植民地時代に極めて暴力的な形で表出した。宗主国に渡っても言葉と文化を保とうと設立した「書堂《ソダン》」(≒寺子屋)は、一九三〇年代から相次いで弾圧・閉鎖を強いられた。神社参拝の強制が行われ、一九三四年には「朝鮮人ヲ指導教化シテ内地ニ同化セシムルコト」とする「朝鮮人移住対策ノ件」が閣議決定されている。全体的な強制の中で、朝鮮人に氏制度(日本の家族制)を押し付け、日本的な氏名としていく「創氏改名」はその六年後のことである。

一九四五年八月一五日、日本の敗戦で朝鮮は植民地支配から解放された。その後次々と誕生したのが朝鮮人による自主学校「国語講習所」である。日本の各地で産声を上げたこの国語講習所は、その年の一〇月に結成された汎民族組織「在日本朝鮮人連盟(朝連)」によって整理、統合がなされ、日本の新制学校の六・三・三・四学制にならった教育制度が整備されていった。ちょうど一年後の第三回朝連全国大会の報告によると、一九四六年一〇月段階で初等五二五校(四万二一八二人)、中等七校(一一八〇人)、そして「青年及び婦女子」の学校、すなわち成人学校が一二校(七二四人)に達していた。成人学校の存在は、いかに彼らが学びの機会を理不尽に奪われていたか、そして日本での永住など彼らの選択肢にはなく、やがて実現する「祖国」への帰還が学習の前提だったことを示している。

だが、教育運動の高揚は東西冷戦の激化を背景に暗転していく。当時、日本共産党の指導下で活動していた朝連に警戒感を強めていた連合国軍総司令部（ＧＨＱ＝米国）と、植民地支配という日本の近現代の犯罪史の生き証人である在日朝鮮人を日本社会から追放し、「忘却」したい日本政府の思惑が合致したのだろう。一九四八年一月二四日、文部省学校教育局長の通達「朝鮮人設立学校の取扱いについて」が各都道府県などに出される。その内容は、学齢期の子どもは日本人同様に公私立小中学校に就学させること。朝鮮人学校は学校教育法に基づく私立学校として知事認可を受けること。これは朝鮮人に日本人と同じ内容の教育を義務づける措置だった。そして法令上の縛りを受けずに独自の教育を行えるはずの各種学校についてはその設置を「認めない」とした。朝鮮人教育の否定だった。

このいわゆる「一・二四通達」を根拠に、三月の山口、そして岡山、兵庫、大阪と各都道府県は朝鮮人学校に対し、教育活動を止め、校舎を明け渡すように命令し、各地で武装警官を動員しての強制閉鎖が次々と強行されていった。やっとのことで手に入れたはずの権利が否定されたのである。朝鮮人側の反発も激しかった。兵庫県では抗議する朝鮮人たちが県庁を取り巻き、県知事の執務室にまで乗り込んで直談判し、一九四八年四月二四日、閉鎖令を撤回させた。「四《サ》・二四《イーサ》阪神教育闘争」と呼ばれ、今も朝鮮人の教育運動の原点として語り継がれる闘争である。

泡を食ったＧＨＱは、朝鮮人による抵抗を「日本共産党に煽動された暴動」として、ＧＨＱ統治時代を通じて唯一の非常事態宣言を発布、徹底的な取り締まりに乗り出した。大阪でもこの時期、府庁に対し連日、抗議行動が繰り広げられ、官憲はデモ隊に放水するなどの暴力で応じ、二六日には警察官の水平射撃で当時一六歳の少年が射殺された。述べ一〇〇万人が参加し、約二九〇〇人が逮捕された。軍事法廷で有罪とされた者たちの刑期を合計すると一一六年にも達したというこの実力闘争の結果、事態のさらなる悪化を恐れた文部省当局は、朝連との間でいわゆる「五・五覚書」を交わす。朝連もまた「阪神教育闘争」を想定外の事態と見ていたようだ。宗主国意識丸出しに「光復」を踏みにじる教育運動弾圧に対する朝鮮人たちの怒りは、組織的な上意下達でコントロールできるものではなかったのだ。

覚書の内容は以下のようなものだった。

一．朝鮮人の教育に関しては教育基本法及び学校教育法に従うこと

二．朝鮮人学校問題については私立学校として自主性が認められる範囲内において、朝鮮人独自の教育を行うことを前提として、私立学校としての認可申請をすること

これを受けて文部省は、「朝鮮人独自の教育」を認める範囲を「私立小・中学校での」「選択教科、自由研究及び課外の時間」「義務教育を受けさせる傍ら放課後又は休日等に朝鮮語等の教育を行うことを目的として設置された各種学校」と明示したが、実は「自由研究」は小学四年から六年の週二時間から四時間だけ。選択教科は中学校のみの科目だった。つまりは「日本の法規」に従う学校になり、朝鮮人教育を諦めろということに他ならなかった。現在に至るまで朝鮮学校が、学校教育法一条が規定する学校(一条校)ではない各種学校の地位に甘んじているのは、「民族学校」としてのアイデンティティを守るためでもある。一条校になれば私学助成が受けられるが、それは教育内容の大幅な制約を意味する。逆に言えば政府は、助成金と引き換えに、朝鮮学校を「朝鮮学校」ではないものにしようとしてきた。

とはいえ、これを具体的にする形で各地でも都道府県当局との覚書が交わされ、大阪では「民族学級」が発足していく。行政文書を元に地域における解放直後の朝鮮人学校政策について研究している松下佳弘によれば、「自主学校ではなくて、日本の学校内部に入っていく選択肢を採った背景には、当時、指揮下にあった共産党の指導という側面も大きかったようだ」という。日本共産党（の日本人）にとってその優先順位は、在日朝鮮人の民族的アイデンティティ涵養よりも、日本社会の「変革」だったのだろう。朝鮮人はその「要員」であり、「前衛」だった。

一九四八年といえば、故郷では三八度線を挟み、互いを殲滅対象とみなす国家が誕生していく時期である。南側ではアメリカの影響下で反共国家大韓民国が立ちあげられようとしていた。分断の固定化を意味する南朝鮮単独選挙への反発が強かった済州島では、米軍政が本土から呼び込んだ官憲や右翼青年たちの横暴に住民たちの不満が高まり、単独選挙実施に反対する数百人が武装蜂起した「済州島四・三事件」が勃発。本土から乗り込んだ軍警や右翼、さらには共産主義を嫌って南側に逃げてきた右翼までが投入され、殺戮と放火、強姦、略奪が常態化したこの世の地獄が現前していた。ようやく実現した「光復」が、大国の思惑で無残に踏みにじられる理不尽への命がけの抵抗という文脈において、「済州島四・三事件」と「四・二四阪神教育闘争」という二つの出来事はつながっていた。言うなれば「阪神教育闘争」に代表される闘いは、他郷から「祖国」を目指す闘いだった。

強制閉鎖への抵抗

このような一九四八年以降の閉鎖令への抵抗の闘いは、激しい権利闘争の代名詞として語られる。とりわけ神戸、大阪を有する関西エリアはそのイメージが強いが、一方で京都は、少なくとも当初は様相を異にしていた。前述の松下によると、京都朝鮮第一初級学校の前身である朝連七条国民学院が開設されたのは一九四六年四月二一日。朝連と京都市との交渉で、京都市立陶化小学校の校舎四教室と職員室をとりあえず一年の約束で借用する形で始まり、翌年、京都朝連第一初等学院と改名された。

その後、京都府内では次々と朝鮮人学校が設立されていった。一九四八年九月段階で、朝から授業をしている学校八校、小学校校舎を使い放課後や夜間に朝鮮人の教師が授業をしている学校一四校、教会の夜間学校一校の、計二三校が確認できているという。大規模なものは、西陣にあった京都朝連西陣小学校と、府内最大の在日朝鮮人集住地域である東九条にあった京都朝連第一初等学院だった。

設立の経緯は双方とも当時の在日事情をうかがわせて興味深い。最盛期で三〇〇人もの子どもが通っていた西陣は、朝連西陣支部管内にあった一三もの学院を統合するために、一九四八年二月に学院新設委員会を設立、四〇〇万円を目標に寄付金を募り、自前で用地の買収と備品の購入を済ませて設立されたという。それは京都を代表する伝統産業である西陣織の少なからぬ部分を在日が担っていた事実を示す。西陣織は、腕さえあれば差別があっても食べていける「在日産業」としての側面があった。

ここで留意すべきは、一九四八年七月という開校時期だ。「共産主義者の巣」としてGHQが敵視していた朝連の学校である。その三カ月前には同じ近畿で非常事態宣言が発令され、後述するように、すでに強制閉鎖が進められていた時期である。西陣織業者だった金泰成《キムテソン》の論述『西陣織』と『友禅染』業の韓国・朝鮮人業者について」によると、「他府県の如き検挙や弾圧を受けることなく平穏無事に開校することができたのは、(朝鮮人西陣織物工業協同組合)理事長の要請に対して(京都)軍政長官が快く応えてくれたから」だったという。この時期の官報には朝連の肩書で四四人の朝鮮人教員が適格審査に合格したことや、朝連西陣小学校など朝鮮人学校七校に学校設置が認可されたことなどが掲載されている。

一方、京都朝連第一初等学院の開校についても松下はこう指摘する。「陶化小を借りられたのも、当時、解放民族だった朝鮮人と占領軍との関係が極めて良好だった所産と思う」。当時の陶化小学校校門には、「陶化小学校」と「京都朝連第一初等学院」の二枚の看板が掲げられていた。一方では新制中学を次々と建設していく時期である。校舎も足らなかっただろう。いわゆる地域ボスの中には、朝鮮人学校があることを快く思わない者もいたようだ。「阪神教育闘争」直後の四月二八日には、地元の市議が京都市議会で「使用期限が切れているし、また日本の新制中学も設立せねばならぬのだから、朝連の初等学院を追い出したらよい」「もし(学校側が)出ないなら神戸のようにやったらよい」などと発言、朝連側に糾弾され議事録から発言を削除する事態になっている。

陶化小時代、朝連学院側はグラウンドを使用させてもらえていなかったようだ。当時の学校に通っていた朴道《パクト》済《ジェ》は二〇〇八年五月、京都市内での講演でこう語っている。「運動場は全く認識していません。使わなかったということです。朝鮮人学校に通っている子どもたちは運動場に出られなかったみたいです。摩擦が起きるということでしょう」「公園で石に布を巻いてサッカーをしたりした」(『京都・滋賀の民族教育～4・24教育闘争60周年を迎えて～演劇とパネル・ディスカッション　報告集』二〇―一六頁)。

その中で一九四八年、強制閉鎖の流れが西から東へと進んでくる。京都はその段階で兵庫や大阪のような強硬手段を採ることはなかったが、先手を打つ形で行政と朝鮮人団体との交渉がスタートした。松下によると「阪神教育闘争」最中の四月二六日、京都府秘書課長は日本共産党に「京都では少なくとも当分閉鎖命令を出すようなことはしない。もし何等かの処置をする場合には朝鮮人側代表をまねき納得いくような方法を講じた上で対処したい」と回答している。共産党に回答がなされたのは、当時、朝連が同党の指導下にあったからだ。

四月三〇日には京都軍政部の代表者が出席して協議が持たれた。軍政部と府は、私立学校の認可を受けることや、日本の教育法に従うこと、すなわち朝鮮人としての教育を「課外」とすることを求めたが、朝連側が拒んだ。最後には朝連が「京都では平和的、民主的にすべてを解決したい」としつつ、民族教育の存続を要望した。ある意味でかなり踏み込んだ要求ができるほどの関係があったのだろう。

その後、五回の協議が開かれ、京都府教育部長と朝連及び朝鮮人教育会(民団系)との間で「朝鮮人学童生徒の教育に関する覚書」が交わされる。覚書は以下の一一項目だった(引用に際し漢字は常用漢字に改めた)。

一、朝鮮人の教育に関しては教育基本法及学校教育法に従う。

二、私立朝鮮人小学校及中学校においては義務教育としての最小限度の要件を満した上、選択教科、自由研究の時間に朝鮮の国語、歴史、地理、文学、文化等朝鮮人独自の教育を行うことができる。

三、二の場合に於て連合軍総司令部民間情報教育部の検閲を受けたものを教科書とし、朝鮮語により教育することができる。

四、私立朝鮮人小学校及中学校に於ける教員は朝鮮人教育会が自主的に査定し、且教職員適格審査委員会で適格の判定を受けた者につき協議して決定する。

五、私立朝鮮人小学校及中学校の設置主体は財団法人でなければならぬが法人の設立認可申請書を一ヶ月内(特別の事情ある場合は二ヶ月内)に提出することを条件として学校設置の認可をすることができる。

六、一般の小学校及中学校に於て義務教育を受けている朝鮮人児童、生徒のみを以て学級を編成し二に述べたような方法で朝鮮独自の教育をすることができる。三及四はこの場合にも適用される。

七．一般の小学校及中学校において義務教育を受けさせる傍ら放課後、休日等において朝鮮独自の教育を行うことを目的として設置された各種学校に在学させることができる。

八．一般の小学校及中学校に在学すると私立朝鮮人小学校及中学校に在学するとを問わず、朝鮮人児童生徒は日本児童生徒とすべて平等な取扱いを受ける。

九．校舎問題については実情に応じてできるだけ好意ある処置を講ずる。

一〇．朝鮮人児童生徒の転学については特に便宜を供与する。

一一．今後朝鮮人教育問題については京都府は朝鮮人教育会及朝鮮人連盟と充分協議の上解決する。


この覚書の要点を松下は三つに整理する。「一つは文部省との覚書を受けた形で教員の適格審査を受けるということ。もう一つは財団法人設立を学校設立認可の条件としたほか、朝鮮人各種学校についても一般学校で義務教育を受けさせる傍らで放課後や休日に朝鮮人独自の教育を行うということ。いずれも文部省との覚書の線に沿ったものだけど、京都の場合、三つ目があった。一般の小中学校において『特別学級』を置き、選択教科、自由研究の時間に朝鮮語など独自の教育ができるというものだった」

だから京都朝連第一初等学院の行政での呼称は、「陶化小学校内特別学級」「日本公立陶化小学校内朝鮮人特別学級」だった。兎にも角にも、任意のクラブ活動などと同じ「課外活動」ではない「課内活動」として「朝鮮人独自の教育」を認めさせたのは成果だった。それは陶化小を間借りしていた京都朝連第一初等学院の存続が担保されたことを意味する。「土地も建物も自前ではないけど、人数は多い。京都としてもこれをどうするか考えあぐねていたのだと思う」（松下）

実際、当時の天野利武・府教育部長は、「文部省の線とは少し違っておりますところの覚書を交換して、事なきを得たのです」と回顧し、「知事もケーズ(軍政部教育課長)もことを穏便にしたい気持ちがあったから認めた」としている。京都ならではの「落とし所」だったが、その気になればすぐに覆せる「裁量」に基づく措置だった。後にこれが当局にとっての大きな「攻め所」となっていく。

実際、この約束は軍政部の方針で一年も持たず破棄される。一九四九年二月、京都軍政部の報告書では、「この学校は陶化小学校の四教室を占拠している。建物の使用と教授の方法は明らかに教育(基本法違反である」として京都市を「注意」したという。根拠法は憲法八九条(公の支配)、教育基本法三条など。現場レベルでは容認したはずの覚書を「法律」を元に覆しにかかったのだ。軍政部は地元行政にも圧力をかけた。

これを受けて四月二六日、京都府教委の臨時委員会に議題「朝鮮人児童生徒の特別学級編成の件」がかけられた。冒頭、天野教育部長は「標記について、その筋(軍政部)より呼び出しをうけた」として、府市の教育長と軍政部教育官との打ち合わせの結果、「(外国人に対して)優先的な取扱いはあり得ない」などと特別学級の存在を認めない方向性で意見が一致したと報告した。メモの最後には、特別学級は「人種差別を禁じる新憲法に抵触する問題を巻起する」と記されていた。天野は「軍政部の指示で覚書の線は廃止する」と述べ、覚書六条の「特別学級を認める」を削除することが決まった。

日本の国策によって民族性を否定されてきた朝鮮人が、交渉の結果として学校校舎を使い、民族性を回復する教育をしていたことをまるで「特権」のごとくに言いつのり、強引極まる法解釈を駆使して「違法」を連発する。まるで在特会の論法である。初めに不正があったのだった。

軍政部は朝連側の抗議を完全にはねつけ、一九四九年九月一七日、京都市教委は、京都朝連第一初等学院を閉鎖して建物を明け渡すこと、及び、在籍する子どもの日本の小学校への転校を通告した。父母たちは反対運動を繰り広げたが、京都市は一〇月一日、強制閉鎖に踏み切った。校門に教師を貼りつけて学院に登校しようとする子どもを排除、慌てて保護者らが駆けつけて抗議すると、武装警官までを動員して登校を許さない徹底ぶりだった。

その様子は先の朴の講演にもある。「ある日、いつものように学校へ行くと、校門の前で日本の先生が朝鮮人と日本人を区別して、お前は帰れ、お前は入れ、とやり始めた。異常事態に仕事先からも親たちが駆けつけて抗議していると、ヘルメットを着けた武装警官がやってきて怒声が飛び交うなか一人が殴られた。それからこちらも投石するようになり、子どもたちは後ろで石を拾い集めて、前にいる親たちに石を渡して闘っていた」「無理やり学校の中に入ったこともあった。そうしたら武装警官が丸太で扉をやぶって入ってきて私たちは追い出されてしまった」。朴によると抗議運動は一カ月続いたという。

京都連絡調整事務局(GHQとの折衝、調整を担当する政府機関)が外務省に送っていた定期報告にも、朝鮮人たちの抵抗は記録されている。それによると、一〇月三日までは子どもや保護者、活動家たちが校内でアジテーション演説を繰り返した。なかにはガードをかいくぐり、職員室で座り込みをした者もいたという。武装警官を配置しての管理、監視で抑え込んだようだが、日本の小学校への転校を拒否した子どもたちが「我々の行く学校を教えよ」と叫んでのデモ行進はその後も繰り返されたと記されている。権力者が立場の弱い者たちの「権利」を踏みにじる道具として、法律が援用されたのである。軍政部文書によると「これは昨年の神戸の件に匹敵する大問題であり、他の地方で同じような方向に発展しないために事態を放置できない」「もし最終交渉が成功せず、左翼が運動の好機として利用するなら、第二の神戸事件を引き起こすので注意が必要である」と警戒感を露にしているが、「そこまでの危機感の根

拠は分からない」(松下)

この前月九月八日、「団体等規正令」(後の「破壊活動防止法」)の適用による朝連強制解散と財産没収、幹部の公職追放がなされ、翌一〇月中旬から一一月上旬にかけ、全国の朝鮮学校は一斉に閉鎖された。京都では一〇月一九日、計一四校に閉鎖命令が出た。その際、京都府知事は財団法人立による私立学校設立を提案し、北側支持の旧朝連系、南側支持の民団系団体がそれぞれ申請したが、府は両者が合併しての提出を認可の条件にした。できるわけがない。そもそも無理な条件を吹っかけたのだ。翌月、個別の申請は却下され、もう一つの大規模学校である西陣は、その年の最上級生が卒業する翌年まで授業を継続したが、一九五〇年三月二三日、ついに短い歴史に終止符が打たれた。ちなみに西陣の跡地にはその三年後、有志たちによって京都朝鮮人中学校が設立され、京都における朝鮮学校再建運動の拠点となっていく(以上、松下への取材及び彼の論文「占領期京都市における朝鮮人学校政策の展開」〔二〇一一〕に依拠する)。

第一初級の誕生

一方のマンモス校である旧京都朝連第一初等学院は一一月末、借り上げた東九条の木造二階のアパート一階を使って「京都朝鮮人小学校」として授業を再開した。だが、国や自治体の「転校勧奨によって児童数は三分の一ほど減ってしまった」という(朴道済)。学舎はアパートだけではなかった。子どもたちは支部の分会事務所や同胞宅で学びを続けた。とはいえ、敵視政策の流れの中で潰された学校の流れを汲んだ「自主学校」、当局からすれば「闇学校」である。他県の行政資料には、軍政部の意をうけた当局が潰しにかかった記録も残っている。京都では同様の事実は確認できなかったが、ささやかな学びの場にも官憲による妨害はしばしばあったようだ。

「ここら（東九条）のアパート借りて勉強していると警察が来てやめさせられる。それで場所を変えて隠れて別のところでやるんや。そしてしばらくしたら、そこにも警察官が来て『やめなさい』ってな。それの繰り返しやったわ」。国籍を理由に社会保障から排除されていた影響で、多くの在日高齢者や「障がい者」が無年金状態のままで放置されている現状を問うた「在日無年金訴訟」（二〇一〇年二月、最高裁で敗訴確定）の元原告、在日一世の鄭在任《チョンジェイム》（一九二一年生）にかつて私が聴き取りした際の証言である。

陶化小を追放され、アパートや支部事務所、同胞宅を転々としながらも、一世たちは民族教育を守ってきた。そして手に入れたのが東九条の真南にあった勧進橋の土地だった。奪われた言葉と文化を取り戻す努力は、大国の利害と日本政府の一貫した敵視によって幾度となく弾圧され、それでもつないできた火を灯す自前の学校が、府内最大の在日朝鮮人集住地域の南端に、まさにしがみつくように得られたのだった。正式な開校は一九六〇年一月である。京都市による陶化小追放から一一年後のことだ。以来、京都の民族教育の拠点として、閉校まで半世紀以上に亘り、数多の卒業生を送り出してきた。襲撃事件当時の校長、高炳棋も一九六三年入学である。

「周囲は畑ばかりで、堤防でよく遊んだ記憶があります。公園は当時、何もない空地みたいでしたけど、段々と整備されていきました。校舎も私の入学した頃に木造を鉄骨に建て替えていきました」。開校直後の風景は、一九六一年当時の航空写真にも記録されている。家屋はまばら。ゆったりとした幹線道路の両脇には畑が広がっている。京野菜の代表格である九条ネギの畑だ。南側の川沿いにはハーモニカのような牛舎が見える。かつては乳牛が一〇頭ほどおり、学校で牛乳を購入することもあったという。当時、空地のような公園はまばらな植え込みで外周が辛うじて分かる。その道を挟んだ北側に、真新しい校舎が写っている。この校舎で子どもたちは目いっぱいに学び、駆け回っていたのである。

「ぼくが通っていた時も三年まではスクールバスでした。四年からは個々人で通学して勝手に帰るんですね。家は鴨川の向こう側すぐの場所なんですけど、道端は友だちの家だらけで寄り道ばかり。家はそんなに遠くないのに帰ると夜になったりする(笑)。何かあると学校に行くし、日曜日に遊びに行く時も待ち合わせ場所は学校でしょ。学校が生活の中心でしたね。それは子どもだけじゃなかったですね。同胞も何かあれば来ていたし、運動会があれば、子どもの運動会がなぜか同胞運動会になる(笑)。お酒呑んだり、肉焼いたりしてね。学校関係者に限らず、地域の同胞たちが集まれる場だったんですね」

朴訥とした印象の高校長の口が滑らかになる。集住地域ならではのつながりだ。第一初級の卒業生の中には、社会に出るまで、あるいは襲撃事件まで「自分がマイノリティだと思ってなかった」という人も少なくない。自分がそこに存在し、生きる、その根拠を問う必要もない空間でもあったのだ。一九七〇年代に初級学校に通ったあるオモニは言う。「私、小さい時はむしろ『日本人ってなんなん?』みたいな、肩で風切って歩くみたいな部分がありましたね。幼い時は自分が主流だと思ってた(笑)。同胞も多かったし、組織も強かったでしょ。『お山の大将』でしたね」。多数者と少数者が反転した状況で、命の柔らかい時期を生きられたのである。その中核となる場が朝鮮学校だった。

襲撃事件当時の保護者は、多くが朝鮮学校出身者である。彼、彼女らの親には、生活に追われて言葉や文化を身につけられず、生きるために通称名を名乗ってきたがゆえに「この子にはそんな思いはさせたくない」との思いで子どもを朝鮮学校に送った人が少なくない。

朴貞任もそんな両親の思いを背負った一人である。「オモニもアボジも日本の学校出てて、同胞のつながりもなくて差別されて、朝鮮人であることを苦しいと思ってたんですよね。日本の学校で朝鮮人として胸張って生きるなんて教えてもらえなかったですし、キムチ食べてるのも友だちに言えなかった。

そんな思いをさせたくないと子どもを朝鮮学校に入れたんですよね」。当たり前のように朝鮮語を覚え、本名を名乗る朴の姿に目を細める両親の姿が思い浮かぶ。一方で朴が述懐するのは、両親がはしゃぐ姿である。「あの頃は（朝鮮語の）字の読み書きもできないし、朝鮮人の友だちもいなかったんですけど、私の運動会とか授業参観とか学芸会とかになるともぅ、『水を得た魚』（笑）。『お前が楽しくやってくれるから自分らも……ありがとう』とか言ってくれるわけですよ、私に。学校を通して同胞社会に溶け込んでいくんです。両親、すごく勉強してね、しゃべれるようになりましたから」

朝鮮学校の引力は金秀煥も言う。「父親はぼくらを朝鮮学校にやるのに難色を示してたけど、朝鮮学校出身の母が『ダメなら離婚する』って。それでぼくの兄は入学したんです。兄の楽しそうな姿を見てたんで、ぼくは入学前からランドセル背負ってましたね。最初、アボジは嫌がってたんですけど、学校行事でどんどんのめり込んでいって……やたらと学校に来たがるんです」。事件当時の女子生徒と話をした時のひとことを思い出す。日本の学校との交流経験も増えた時代の生徒である彼女に「そのなかで感じた朝鮮学校の特色、魅力」を聞くと、彼女は言った。「運動会とか学芸会になると、私たちよりも親たちの方が楽しんでますね。完全に自分たちのための行事だと思っている（笑）」

後で詳述するように、朝鮮学校の教育内容は、朝鮮の政治状況や南北関係の変化、そして子どもを通わせる親たちのニーズなどを反映させる形で変化してきた。だが、映画『ウリハッキョ』（キム・ミョンジュン監督）に記録されているように、多くの者にとってそこは、朝鮮人が朝鮮人であることを自明とする空間であり、民族的少数者であることの「面倒臭さ」とは無縁のシェルターとして機能してきた。同時にウリハッキョとは、「朝鮮語」という「故郷」を得られる場だった。

民族教育を受ける機会を逸した人にとって、子どもが学校に通うとは、自らの民族教育でもあった。

それはマイノリティとして生きていく動機づけでもあるのだ。京都府北部の同胞がいないエリアから集住地域に来て、朝鮮学校に子どもを通わせたオモニ（一九七五年生）は言う。「最初は『なんでみんなこんなに物くれるんだろ』って思いましたね（笑）」。濃い人間関係への困惑もあったが、学校での料理教室や文化教室にも参加し、今ではオモニ会の中心である。金尚均も彼のパートナーも朝鮮学校卒業生ではない。「実は子どもに民族教育をという思いは半分くらいで、残りはぼくの動機づけなんですよね」

高校長が述懐したように、卒業生らが語るのは、運動会もバザーも夏祭りも、学校への縁の有無を別にして、地域同胞が集う「マダン《広場》」としての役割である。人数の多さが敷居を低くするのだ。今でも本名使用率二割以下とも言われる在日社会で、自分が自分でいられる空間が近所にある意味は計り知れない。朝鮮語も日本語も読み書きできない一世のハルモニも、歩いて来校できる。行政からの通知の類が来れば、学校に持っていき読んでもらうこともできる。役所で若い日本人の役人から居丈高に、「おばちゃん、字ぃも読めへんの！」などと嘲笑される心配などない。

「ウリハッキョ」のそのような機能を自覚していたからこそ一世たちは、老若男女が寄り集まれる集住地域に学校があることにこだわったのだ。資力ある者は財産をはたき、無い者は汗をかいた。その努力の結果としてようやく、集住地域、東九条の南端に第一初級はできたのだ。あの学校には木々の一本一本にまで一世の思いが染み込んでいた。そこを襲ったのがあの街宣だった。

民族教育の象徴として

第一初級と第三初級の統合・移転に伴い、京都市内の初級学校は二校になったが、京都・滋賀エリアの初級学校卒業生が持ち上がる京都朝鮮中高級学校で長年、教鞭を執ってきた柴松枝は、第一初級出身者には集住地域ならではの気質があると語る。「第一は同胞が一番、集まりやすい場だったと思うんですよ。昔は第一、第二、第三が同じ日に運動会をやってたので私は一日に三校を梯子《はしご》するわけです。そしたら各校の雰囲気の違いが分かります」。三〇年の経験から柴は端的に言った。「第一は同胞の集まる民族的な場で、第二はすごく教育的なんですよね、日本の学校と変わらないくらい。第三は家族単位でもっとこぢんまりしてて、三つとも違うわけです。独特の雰囲気を持ってる学校は、やはり残した方がいいなとは思いましたね」

インタビューのテーマは襲撃事件の詳細についてだった。その中でも話題が学校に移ると自然に笑みがこぼれ、脱線し、話が止まらなくなっていく。根っから教師の仕事を愛しているのだ。

「大体うちの運動会や学芸会は、学校行事でありながら同胞行事なんですね。同窓会とかやるのは当たり前で、なかにはそこでお見合いをする人もいる(笑)。運動会に行ったら行ったで、朝からお酒呑みながら『オラオラ』みたいな人がいたり。学校行事を中心とした独特の生活パターンというか人付き合いが濃厚に残ってましたね。第三なんかは家族単位ですごく微笑ましくて、第二はその間です。それでも日本の学校とは全然違う民族性があるんですけど、その濃さという意味では第一が一番でしたね。子どもたちもね、中学にあがってきたら学校によって違うんですよ。一番泥臭い子の出身をみるとやはり第一なんです。初級時代から夜遅くになっても平気で連れ立って銭湯に行ったり、しっかりしていて、ヤンチャな子もいれば悪さをする子も多いんです。まあ当時はみんな元気でしたね。校舎から先生が飛び出して、一目散に銀閣寺の坂の方へ駆けていくのを見ながら、『また誰か何かしでかしたのかなあ?』なんて。牧歌的というか呑気というか。最近の子は弱いというか、おとなしいと思うけど、昔が強すぎた、濃すぎたんですね(笑)」

映画『パッチギ！』（井筒和幸監督、二〇〇四年）を彩る痛快極まるエピソードの幾つかには一九六〇年代から七〇年代にかけての初級学校生の武勇伝（あるいはしでかした「ワルサ」の数々）が混ぜ込まれているという。その相手は同じ年頃の小学生だけでなく中学生、時には高校生だった。小学生が中学生らと喧嘩三昧の日々を送る。そのハチャメチャ振りを想像してほしい。

「第一は京都の民族教育の象徴でした。そこが襲われたんです」と柴は繰り返す。今も街中で在特会らのデモがあればつい、彼らに近寄ってしまい、警察官に制されるという。「『柴さん、あなたは面が割れているので近づかないでください』って。でも今も本当に腹が立ってます。私たちにとって一番の宝物、未来に対して彼らは手を出したんです。絶対に許せない」。柴が一番腹が立った言葉は、「こんなん学校やない」だった。だからこそ高校無償化排除問題にはこだわる。「年間一一万円はもちろん大きいですけど、それをもらえるか否かとかいう話じゃないんです。日本政府が朝鮮学校を学校と認めるか否かなんです。政府が認めていないということが、あの言葉には凝縮されている」

柴は朝鮮人を父に、日本人を母にして東京で生まれ、一貫して日本の学校に通った。在日であることも告げられてなかった。それを初めて意識したのは高校に入る時だった。「私だけ他の人と違って、『迷惑はかけません』みたいな宣誓書を書かされたんです。その時父が初めて、『お前は朝鮮人だ』と。私は高校三年生まで医者になろうと思ってたんだけど、先生に『朝鮮人はなれない』と言われたんです。それで一転して体育大学に進んだんです」

そこで出会ったのが朝鮮総連系の学生組織「在日本朝鮮留学生同盟（留学同）」だった。「民族的なものに触れたら、単純なんですぐに染まっちゃって、それで学校の先生になろうと決意したんです」。まずは東京朝鮮中高級で教鞭を執った。だが朝鮮語は大学で覚えたレベルだった。今からは想像もつかないヤンチャな生徒が多かった時代でもある。周囲からは「一年持てばいいだろう」と囁《ささや》かれていた。

「まずもって言葉が分からないわけです。だから一人で職員室にいるときに電話が来たら即座に逃げちゃって(笑)。言葉に起因する失敗談は数知れませんね。朝鮮語の『右』と『左』を間違って覚えてて、『回れ右』といったら生徒が左に向く。何度やってもそうだからワザとかなと思って『バカにしてるんですかっ!』って怒鳴ったこともある。このとんでもない教員にこれ以上恥をかかせたらいけないと生徒が思ったんでしょうね、指示に沿って左右逆を向いてくれました(笑)。後で先輩の教員からこっそりと『あなたが間違ってるよ』って。恥ずかしかったですね。実際、言葉がわからないことを生徒にからかわれて泣いたこともありましたね」

遮二無二働いた。子どもが生まれれば子連れで学校に通い、職員室を託児所にして授業をした。それは民族教育を受けなかった柴自身の民族教育だった。

「自分は(両親の属性)どちらにもなることはできない。不器用なので、ある段階から朝鮮人になろうと決めた」と語る。人前では決して解かない団子型に結った髪は、朝鮮人として生きる決意の証《あかし》なのだろう。教え子たちの同窓会に呼ばれると、「自分のそれからが問われると思って緊張する」。そのようにして柴は「ハーフ」であること、ましてや片親が日本人であることが、今では考えられないくらい同胞内で否定的に捉えられ、時には「人間としての至らなさ」かのごとくいわれる時代を生きてきたのだ。

そんなストイックな生き方を貫いてきた彼女でも「同胞の集まりの中にスッと入って行けない自分を感じることがある」と言う。五〇年以上も民族教育に携わってきた今もその「居場所のなさ」はどこかにある。だから第一初級の「独特の雰囲気」には気圧されることが少なくなかった。「言葉で言えないけど『グッ』と来るものを持ってる子がいるわけですよ。地に足がついて、その中で泥臭く、堂々と生

きる。地域の同胞社会の醸し出す空気を毛穴から吸い込んで生きてきた人が持つ、なんていうかふてぶてしさというか、懐が大きいというか、朝鮮語でいう「통《トン》이《イ》크《ク》다《ダ》(図太い、太っ腹、豪胆のイメージ)」ですかね、私にはないものですから引いちゃうことがありましたね。それが残っているからこそ学校が変わっても(統合、移転しても)あの歴史を受け継がないといけないと思うんです」

柴が「独特の雰囲気」にこだわるのは、望んでも届かないものへの「憧れ」があるのだと思う。朝鮮人であることを選び、努力してきた柴と、境界線を生きたいと願い、姓を日本語、名を朝鮮語読みで通している私では、立つ位置も何もかも違うが、話をしながら私は、朝鮮学校生の天真爛漫な姿を見た時や、卒業生の間に一貫教育で培われた紐帯《ちゅうたい》を感じた時、あるいは子どもを通わせる父母や、彼、彼女らと教員たちの結びつきの強さを目の当たりにした時に覚える「気圧される気持ち」を思い出していた。それは命が柔らかい時期に自分が何者であるかを確認する「場」を獲得できた、言い換えれば、ある意味での「故郷」を持てた者たちを前にした時に感じる羨望であり疎外感であり、嫉妬だった。

「彼らはおれたちのコミュニティ、つながりに嫉妬している部分があると思う」。第一初級に最初の襲撃があった日、その日が誕生日だった女児の父親、金義広《キムウイグアン》(一九七〇年生)に話を聞いていた時、彼は、襲撃者らの「犯行動機」をジェラシーだと推察した。指摘が正鵠《せいこく》を射ているか否かは別にして、私にもそれは、ある。あのつながりを持つ者たちに憧れる部分が。マイノリティにとっては「生きるために不可欠」なセーフティネットでもあるつながりに、この社会で市民権を持つ人間が「嫉妬」する倒錯を自覚しつつ、それでも。

「公園使用」問題

同胞の拠り所として、集住地域に開校した第一初級だが、それゆえの問題があった。運動場がなかった。陶化小時代からの懸案は解決されていなかった。道路の向こうには当時、誰が管理しているかも分からない空地同然の公園があり、学校はそこをグラウンド代わりに使い始めた。京都市が公園の整備を始めた一九六三年頃、学校側と近隣自治会連合会、管理する京都市との三者で、公園の使用についての協議が始まったという。数度に亘った交渉は一二月三日にまとまった。学校にはその際のメモが残っている。三者代表の名前の記されたメモには、公園の「西南側入り口門を中心に金網を張り、南側に児童遊具を作り、現在使用中の部分は学校側で継続使用しても問題ないということになる」との内容で三者の協定が成立した、とある。京都市はこの協定に関して「記録が残っておらず、確認できない」と説明しているが、実はこの協定が結ばれる約五カ月前の段階で、公園をフェンスで南北に分けた図面を他でもない京都市が作成している。後の阪神高速道路延伸工事で撤去されたフェンスも京都市が設置している。そもそも「南北棲み分け案」は、京都市が「妥結案」として提案したのだろう。

襲撃事件が起きて以降、京都市は全国からのクレームに対して「許可したことはない」などと繰り返したが、同校五〇周年や六〇周年の記念式典は他でもない、この公園で行われ、京都市と市教委の代表者も臨席している。そもそも敗戦後から経済成長期まで、校庭のない公立の学校が地元の公園をグラウンドとして使うのは珍しいことではなかった。繰り返すが、本稿執筆段階（二〇一三年一一月段階）に至っても、京都市内の中学校四校と小学校一校は近接する公園を学校運動場として使用しているのだ。

三者合意がなされた一九六三年の社会状況、とりわけ京都の状況も考えるべきかもしれない。京都市では一九五一年、京都市職員がいわゆるカストリ雑誌『オール・ロマンス』に寄稿した風俗小説「特殊部落」の内容が「部落差別だ」として——実際には登場人物のほとんどは在日朝鮮人である——、後の部落解放同盟が京都市に抗議を繰り返した、いわゆる「オール・ロマンス事件」が起きた。この抗議運動に後押しされる形で、京都市は全国に先駆けて被差別部落の住環境改善を進め、市内各地には次々と改良住宅が建設されていた。東九条北側に広がる崇仁《すうじん》地区とその周辺にも、真新しい改良住宅が次々と建っていた。三者合意の六年後には被差別部落民の生活改善を掲げた「同和対策事業」が本格的にスタートする。三三年間で一五兆円以上が投入されることになるアファーマティブ・アクション（積極的差別是正措置）が「人権」の名の下に始まる直前だった。この時代の空気を考えれば、陶化小学校からの追放を一つの起点とし、自前の運動場を持たずに開校した第一初級が隣接する公園を使うのも特異なことではなかっただろう。そもそも朝鮮総連などの運動体も今とは比べられないほど強かった。

地域住民らと伝統楽器の演奏をする第一初級の児童，教職員たち．公園は交流の場でもあった（2004 年 11 月 7 日）

　その後、半世紀に亘り、学校は何の問題もなく公園を使ってきた。「帰化」制度で日本名を強いられた後、裁判で、民族名と「帰化」時に無理やり採られた十指の指紋を取り戻した音楽家、朴実《パクシル》（一九四四年生）は、一九七〇年代の約五年、公園に面したアパートで暮らしていた。後に在特会らが標的にした地域の祭り「東九条マダン」のスタート時（一九九三年）からの中心人物でもある彼も言う。「公園でウリハッキョの子たちが授業をするのは、地元では普通の光景だった」と。

学校側はスピーカーとサッカーゴールと朝礼台という最低限の私物を公園に設置した。サッカーゴールは地元の子どもたちも利用していた。一方でバザーなどの収益で、学校側は公園に鉄棒とブランコを寄贈、一九九一年には市から感謝状も贈られている。「使わせてもらっている」ことへの御礼の意志表示だったが、それくらい地域との関係に留意しながら運営がなされていた。逆にいえば多数者との「関係」を意識しないと生きていけないのだ。

「地域の子どもが学校に行っている間に私たちは公園を使う。バザーには地域の方々にも来ていただいている。住民の理解のもとで公園を使わせてもらえていると思っていた」。自身も第一初級出身で、当時の教務主任だった金志《キムチ》成《ソン》（一九六八年生）の実感だ。校舎で学び、体育の授業には公園を使い、休み時間や放課後は公園で思う存分に体を動かす。これが第一初級の「日常」だった。

そこに波風が立ち始めた。阪神高速道路の延伸工事である。京都市と公団から最初に説明があったのは二〇〇〇年四月だった。後に公団から学校に、延伸工事に向けて公園に橋脚を設置するためのボーリング調査をしたいとの連絡が入った。いきなり言われても授業予定もある。善後策を話し合いたいと打ち返したが返信はなく、その後は具体的な連絡はなかった。

だが、二〇〇八年八月に入って、地元住民への工事説明会のビラが各戸に投函されていると保護者から連絡があった。計画が持ち上がって以降、学校側は対策委を設置、休眠状態ではあったが市や公団への定期的な問い合わせはしていたという。この年の春に市や公団に問い合わせた時は、「具体的な日程は決まっていない」との回答を得ていたが、学校を外す形で住民説明会が催されることになっていた。町内会の了解を先に取り付け、「文句を言っているのは朝鮮学校だけ」の状況をつくろうとしたのか。

地元住民説明会が終わって約一カ月半後の一〇月一四日、市と公団はようやく学校側への説明に訪れ、一一月着工の方針を伝えてきた。すでに授業のカリキュラムは組んでいるし、行事予定も入れている。学校側の都合はお構いなしの通告だった。学校側は即座に緊急会議を開き、着工の延期を求めると共に、善後策の模索を始めた。府や市への申し入れ、地元選出議員や所管する国土交通大臣の秘書、地元町内会関係者との面談――。その数、年内だけで三〇回近くに上る。どれだけ急な通告で、どれだけの危機感を持って取り組んでいたかが分かる。その翌年、オモニ会会長に就任したのが朴貞任である。「最大の問題が高速道路の工事でした。子どもの教育環境を守れなくなるかもしれないと」

延伸工事では公園の南側を資材置き場に使う。工事中はダンプカーや重機などの大型車両や工事のための車両などがひっきりなしに行き交う。子どもたちの安心・安全への対策が必要になるが、これも「一条校」ではない朝鮮学校は教員への負担増か、父母の無償労働に頼ることになる。さらには南側三カ所に高速道路の橋脚を設置し、公園それ自体のサイズが縮小する。危険や騒音を我慢して工事が終わったとしても、従前通りに授業で公園を使える保証はなかった。言い方は悪いが、朴貞任はまさに「火中の栗を拾う」ような時期にオモニ会会長に就いたのだった。

学校側は京都市及び公団と継続的に協議を重ねたが、着工への準備はどんどん進められていった。寝耳に水のタイミングで通告し、混乱の中で着工する意図が透けて見えた。就任当時の一月、学校保護者を対象に開かれた市と公団からの説明会は、紛糾した。

「こんな重大なことを突然決めるな」「授業はどうなるんや」「子どもの安全は」。学校の設立時から関わってきた年長者の矛先は校長にも向いた。「なんで工事を中止できひんねや」「あんなやり方を了承するんか」「もうこんな校庭もないところは早く移転しろ」「それやったら京都市に代替地も含めて補償させろ」――。文言だけを切り取るならば無体な話である。だが、学校設立の苦労を直接、間接に知る者にとっての真実は違った。一九四九年の陶化小からの追放は、朝鮮人が、日本によって奪われた民族性を取り戻す営為の否定に他ならなかった。それを経てようやく拠点を得て、京都市、地元との三者合意で公園を使ってきた事実は、在日朝鮮人としての自分たちの歴史性に直結していたのだ。子どもの間ですら何か揉め事があれば「国へ帰れ」が飛び出す社会の中で生きてきた者にとって、公園使用の権利とは、自らがこの国、この社会に暮らす正当性の証明でもあったのだ。

行政当局と保護者、世代を異にする同胞に挟まれ、高炳棋校長にとっても辛い日々が続いた。当時校長は、京都市側に子どもの安全確保に関する覚書を求めて拒まれている。前述したように、学校の公園使用に関しても京都市には合意文書はないという。形式的には都市公園法に抵触する可能性を認識していたのだろうか。少数者の権利を裁量で処理する(言い方を換えれば「厳格適用」でいつでも切れる状態にする)役所の奸智《かんち》だろう。このことをもって後に京都市は、さも朝鮮学校が勝手に公園を使用していたような態度に終始するのだが、前述の通り学校設立の節目を祝う式典は市、市教委の後援のもと、公園で催されている。その際にも京都市は、学校側に許可申請を求めてはいない。

京都市側の対応への反発もあり、校長は後に、公園に設置した私物の撤去に関する誓約書の作成を拒否する。在特会らの告発で学校が都市公園法違反に問われた際、これが「脇の甘さ」となるのだが、それは後々の話であって、当時はそれどころではなかった。「私たちが認めなくても工事は始まる。できることはグラウンドの代替地を探すことでしたね」と高校長は言う。二月には仮囲いがなされ、三月には工事が始まった。説明会での京都市の回答は「ほぼ原状回復」だったが、状況は予断を許さなかった。

新住民からの反発

教員や保護者らは知らなかったが、ほぼ同時進行で噴出していたのが、新住民からの反発だった。開校から半世紀近くが経って、当初はネギ畑ばかりだった周辺にも大型マンションが複数建ち、事情を知らない新住民が増えていたのだった。学校側の要望を無視して延伸工事の着工がなされ、公園の南半分にシートが張られていた二〇〇九年春、京都市から学校側に連絡が入った。近隣住民からの苦情だった。内容は「朝鮮学校の生徒が公園でサッカーをしてるから子どもが遊べない」「公園に学校のサッカーゴールが置いてあるのはどういうことだ?」。市はゴールを撤去できないかと打診してきた。

それまでも市には時折、近隣住民から苦情が入ることはあったというが、「特に対応を要しないレベルのもの」だった。学校側に指導するレベルではなかったという意味だ。しかし二〇〇九年春に始まった、そのマンション住民からの抗議は何度も繰り返された。市に抗議する者はマンション住民の数人へと広がり、なかには役所に乗り込んでくる人もいた。あわてた役所は学校側にそれまで言ったことのない私物撤去を要求したのだった。

とはいえ巨大なサッカーゴールである。そもそも校庭がない学校なのだ。グラウンドの代替地も決まらぬ段階で即座に撤去しますとは言えない。その後も市は電話で撤去を求め、七月には学校にも乗り込んできた。公園使用をめぐる協議の渦中に降りかかった新たな問題だった。市を介して代替地が見つかり、「一月末までの撤去」を約束した。だが地域住民による学校の公園使用への抗議はその後も続いた。恒例行事の夏祭りをすれば「公園で火器を使用している」「酒類の販売をしてもいいのか」と市に苦情が来る。そのたびに市は、学校側に「こういう使い方をされては困ります」と繰り返した。従来からやってきた(=認められてきた)ことが突然、学校の横暴のように非難される。高炳棋校長は「理不尽を感じ

公園は運動会の会場でもあった．結果的にこの年が最後となる（2009 年 10 月 4 日）

た」と言うが、強くは出られなかった。恒例行事の運動会とバザーを控えていたからだ。その運動会では保護者の路上駐車をマンション住民が警察に通報し、パトカーがやってくる騒ぎになった。そして役所への苦情は恒例の「バザー」にも向けられた。

京都市の担当者が学校に来たのはバザー三日前の一〇月二九日だった。すでに焼肉や焼きそば用の食材も買い込んでいた時期だった。市側は「運動会の時も『違法駐車が多かった』と苦情があった」などとして学校側に対応を求めた。市にはチラシの内容にまで抗議が寄せられていた。近隣のキムチ店に貼っていたバザー参加を呼びかけるチラシの実施場所に「勧進橋公園」でなく「運動場」と書いていることが問題視されていたのだった。

「指摘されたマナーの悪さは本当に恥ずかしいと思った」。朴貞任は語る。「行事前の挨拶や招待のポスティングも、『去年やってるから今年も』的な部分があったのかもしれない。先輩オモニたちの努力で得た地元からの『理解』を、どこかずっと続いている『当たり前』なことと受けとめている緩みが出ていたのだと思う」

朴は直ちにオモニ会の会議を開き、対応を協議した。これまで通りにはいかない現実を踏まえ、関係改善と回復に向けた取り組みを進めることで意思統一を図った。「地域で認知される学校にならなアカン」。近隣に向けて、一部にあったマナーの悪さに対するお詫びと、バザーのお知らせと「是非遊びに来てください」と呼びかける文章をつくった。

「直接地域の人たちに会って、相対して気持ちを伝えたい」と、地元選出の市会議員を挟んで自治会役員らとの面会を希望した。自治会長と会うことは叶わなかったが、市役所や警察への通報を繰り返していた人物の住むマンションの管理人(自治会副会長)と面会した。「お会いする前は子どもに、『もうマンションの前は通ったらアカンで』って言わなアカンのかなと思ってた」という朴だが、応対した副会長の対応は違っていた。大人たちのマナーの悪さを指摘しつつ、彼は言った。「ここのマンションは鴨川沿いで景観が良い、環境が良いということで入居してくる。新興住宅地のような感覚で入ってくる新しい人たちは、在日が多い地域だとか、歴史的経緯とか何の予備知識もない。だからこの公園や学校の様子を見てびっくりして反応してしまうのもやむを得ない側面もある。誤解、偏見から悪感情を持ってしまうところもある」。そして付け加えた。「努力せなアカンで」

公園での焼肉(火の使用)、喫煙や飲酒の禁止、物販や飲食はあくまで校内で。路上駐車は絶対にさせない。学校側も公園使用のマナー厳守に加えて、バザー収益の一部を公園再整備に寄付すると記したチラシを当該のマンションにも配り、無事、バザーを終えた。

マナーについて非の打ちどころがなかったことは、マンション住民からもバザーについては苦情が入っていないことからも分かる。終了後、地域に挨拶に回った。「行っていいものかアカンものか分からなかったけど、『やっぱり行かなアカンやろ』って、二、三人で組んで、一組二、三カ所を回った」とい

抗議が相次ぐなかでのバザーは大成功に終わり，「これから」という時に街宣がなされた（2009 年 11 月 1 日）

う。すると地域住民の何人かはバザーにも来て、物品を購入していた。ある年配の女性に言われた。「こんなんやったら全然問題ないんや。アンタら大人がちゃんとせなアカンねん。子どもらはきちんと挨拶するええ子ばかりやで」

一緒にいたオモニ数人で思わず声を出して泣いた。「なんか壁があったんですよね。『後ろめたい』とかじゃなくて『閉塞感』というか。半世紀以上もここにいるのに、地域の住民として認知されていないんじゃないかという寂しさがあったんです。私たちの公園使用に対する苦情も、近所なのに京都市を通してくるわけですよね。バザー前に近所の人たちと会うのも議員さんへの陳情並みの段取り踏むわけでしょ。肩に力が入ってたのかな。でも会ってみると、何のことはない同じ人間だったんですよね。同じように、人間として、同じ目線で、年長者として私たちを諭してくれたのがうれしくて。私たち、何か自分たちを一段下のところで考えてしまってたのかなって。学校の問題だけじゃないと思う。在日ってどこか根無し草みたいなところがあるから。ほっとしたら涙が出た」

これからの目標が見えた一件だった。地域社会とは他者同士が寄り集まって暮らす場所に他ならない。小さなトラブルがあるのは当然で、その都度話し合い、互いへの理解を深めていくのが「共生」であり、人間関係、社会の「発展」ではないか？　しかし、こと朝鮮学校については小さなトラブルが学校存在への反感に膨張していくのはなぜなのか？「人として当たり前のことをやって、お互いを受け入れることを積み重ねる。普通の日常を積み重ねて、もっと地域に理解を広げ、地域の風景に溶け込み、地域と共生する学校を目指そう」。オモニたちの確認事項だった。そんな思いを保護者や学校関係者で分かち持ち、近隣との関係再構築に向けて決意を新たにしていた最中に、あのヘイトデモが行われた。差別煽動を楽しむ襲撃者たちを地域に呼び込んだのは、学校について抗議を繰り返していたマンション住民の一人だった。役所や警察には幾度も通報をする一方で、近所の朝鮮学校との話し合いは拒否したこの住民は、学校の「公園占有」について在特会に「抗議活動」を依頼したのだった。

襲撃の主犯は協力者からのメールを受け取った一週間後の一一月一九日、公園と学校を視察している。サッカーゴールや朝礼台、スピーカーを確認すると、その足で京都市の担当部署にも赴いた。だが直接の担当者は留守だった。その場で、担当者は二四日になれば登庁すること、及び、公園使用をめぐっては市と学校側が協議中であることを知らされていた。だが、主犯はその帰途に襲撃の日時を決め、二四日、「一市民」とだけ名乗って市役所の担当者に学校の公園使用について問い合わせた。その際、主犯は担当者から学校側が翌年一月か二月の撤去を約束したことも聞いていた。双方で話し合いがついているることを認識しながら、予告動画の通りに彼らは襲撃計画を進めて決行した。揺らいでいた地域との関係を再構築し、今後のルールを話し合おうと思っていた矢先に、「地元住民の苦情」を錦の御旗にしたレイシストたちが地域に乱入し、やりたい放題の狼藉を繰り広げたのだった。

3　襲撃直後の混乱

「結局、私ら『アウェー』なんやって」

「積み上げてきたものを崩されるような感覚でした」

「ただもう喪失感でした」

「無力感ですね」

「なんていうか、引き戻されるんよね」

二〇〇九年一二月四日、在特会と主権会のメンバーらによる最初のヘイトデモが完遂されたあの時から、その後の数日間をどう過ごしたかを聴き取るなかで、保護者たちの口を衝いて出た言葉の断片である。学校に駆けつけて一方的な怒号に耐え抜いた者もいれば、襲撃予告を知らず、帰宅した子どもの報告や、泣き止まぬ我が子の変調で事件を知った者もいる。その怒りとどう向き合い、不安と恐怖にどう対処したかも各人各様である。

だが置かれた状況は違っても、保護者、そして教職員らに共通する認識があった。結局、自分たちは外国人なのだ、マイノリティなのだということ。少数者である自分たちが共に生きる努力をしても、この社会には自分たちを同じ人間とすら見なさない者たちが確実に存在していること。この社会において、あのヘイトデモは許可され、官憲にも許容されること。この国の法制度では、あの醜悪なヘイトデモを止められないかもしれないとの認識だった。

一九五二年四月二八日、サンフランシスコ講和条約発効(=主権回復)と同時に、日本政府は植民地時代、朝鮮人に押し付けた日本国籍を喪失させた。本人の同意も国籍選択権も無視した措置だった。それを「理由」に在日朝鮮人は、戦後補償からも大半の社会保障からも排除された。まさに「課税あって権利なし」だった。国際人権条約の批准に押される形で、社会保障からの排除が徐々に「撤廃」されていくのは一九七〇年代後半以降のことである。社会一般の差別意識も今より遥かに露骨だった時代に父母、祖父母が受けた理不尽を見聞きしつつ、彼、彼女らはそれでもなお、この社会で朝鮮人として生きる動機づけを、言い換えれば自信と社会への信頼を子どもに引き継ごうとしていた。その営み、その努力を、あのヘイトデモは蹂躙《じゅうりん》していったのだった。

オモニたちの思い

「あの日」が誕生日だった女児がいた。その母、裵貴子《ペキヂャ》(一九六九年生)は、帰宅した娘から聞いて、初めて事件について知った。「学校から全然知らされてなくて、娘に聞いて問い合わせたら、うちの娘のクラスの子が出くわして、尋常じゃない状態になったって聞いたんですよね」

あの差別デモは二一世紀の日本では明らかに「想定外」だった。どのような対応が可能だったかは結果論ともいえる。だが、親にすれば、「知らされてなかった」ということは学校に対して不信感を募らせるには十分だった。帰宅後も娘は泣き続け、「公園に行くのが怖い」と繰り返した。

夜遅くまで娘をあやし続けた裵は言う。「やっぱり相当怖かったんでしょうね。私らの時でも、子ども同士で『朝鮮帰れ』とか石投げられたりとかあったんですけど、相手は同い年くらいの子だったし、やり返してましたしね。当時は近所に朝鮮人がいっぱいいたから。今はポツンポツンと離れて住んでるし、相手は大人ですからね。子ども相手に陰険なことやるわけですから」

当時のオモニたちに話を訊いたのは、二〇一三年の春から夏にかけてのこと。事件から三年半後の時点でも、オモニ会の中心的一人は、当時の学校の対応に怒りを隠さなかった。「普通に帰ってきたんですけど、聞いたら、『朝鮮人』って悪いことやと言う変な人たちがきたと。学校に問い合わせたら事件があったというわけです。まったく理解できなかった。それやったら何で一人で帰すのよって。せめて集団下校をさせるなり、『迎えに来てください』とか言えばよかったのに、何で？って。あとで動画を観たら、在特会が帰る道と通学路が同じだったんですよ。何で！」

彼女だけではない。高校長に「何で親に連絡をくれなかったのか」と抗議したオモニもいた。警察が取り巻くなかであそこまでの街宣がなされるなど、正直なところ学校側としても想定外だっただろう。告知だけで、実際に来ない可能性もあり得る。保護者の間にいたずらに不安を煽ることは避けたいとの思いだった。事件から三年半後の取材時、大半の保護者たちは、それを是とするか否かは別として、学校側の判断は取り得る一つの選択肢だったと認識していたが、発生直後にそんなことを言っていられるはずもない。しかも保護者の多くは一九七〇年代から八〇年代にかけて朝鮮学校、特に旧第一初級で学び、遊んだ経験を持つ。直接であれ見聞であれ、子どもが味わった恐怖を具体的にイメージできる原体験を持っているのだ。

なかには通学途中に自らのチョゴリを切り裂かれた経験を思い出したというオモニ（一九六八年生）もいた。「中高級時代、何かの事件があった時やったかな。通学の電車から降りたら、なんかここのとこ

（後ろの腰あたり）が『スースーするな』と。見たら、バッサリと切れてましたね。怖かったけど、あの時は親から『高いモンやのに何で切られんのっ！』って逆に怒られましたね」。親の強烈な切り返しは、ある種の慰めでありフォローだったのだろう。

陰湿な暴力は昔からあった。だが「やる側」にも、子どもを狙う行為の後ろめたさがあったのか、匿名で人目を忍んでの犯行だった。嬉々として差別を楽しむ今のヘイトデモ参加者とは異質である。それに当時は生徒たちもやり返していた。

あるオモニ（一九六九年生）はこんな経験を語った。「バス通学してる時、酔っ払いみたいな人が突然、手に持ってた傘で同級生を殴ったことがあったんですよね。その時もバスの運転手や周りの大人は見て見ぬ振りだった。見ず知らずの人にいきなり殴られた現実はショックだったけど、当時はまだみんな激しくてね。同じバスに乗っていた中高《チュンゴ》（京都朝鮮中高級）の学生たちでその男の人を捕まえて、次の停留所でバスから引きずり降ろして交番に突き出しましたね」

痛快である。しかも学生からその「報告」を受けた教師は、京都市に出向いて厳重抗議したという。大義名分が立つならば、多少の実力行使には大らかだった時代の話である。今ならすぐに警察沙汰になるだろうし、コミュニティにも、もはやそんな力はないだろう。

開口一番、「私らの子ども、在特会の受け付けやったんですよ」と笑ったオモニ（一九六七年生）もいた。我が子が実行犯から「こっちおいで」などと声をかけられたことを彼女流のユーモアで表現したのだ。子どもが不特定多数からの敵意にいまださらされている不安は、笑いで包まないと話せないのかもしれない。彼女も動画を初めて観た時は我知らず涙が流れたという。「夫は『見るな』と言ってたんですけど、一瞬、もう学校送りたくないと思いましたね。その時は『やっぱりアウェーなんや』『私ら日本で住んでる朝鮮人なんやな』って、あの時初めてくらいに思いましたね」

その日、交流授業に訪れていた第二、第三、滋賀の各初級学校の生徒たちは来た時と同様に引率の教師と一緒に下校したのだが、想像をはるかに上回るヘイトデモがもたらした混乱で、当の第一初級では、子どもの下校にまで手が行き届かなかったのだろう。子どもたちは少し待機した後、通常通り下校していた。だが保護者はそれでは納得できるはずはない。朝鮮学校に子どもを通わせることで、もとより「危険」に関する反射神経は研ぎ澄まされているのだ。

夕刻の学校には保護者からの問い合わせ電話が続いた。電話は保護者会幹部たちにもかかってきた。引っ切りなしに鳴る電話に応答しつつ、オモニ会会長の朴貞任は、とてつもない事態が起こってしまったことを実感し、自らの対応をひたすら責めていた。そこしか怒りを向ける先がなかったのだ。

彼女が思い起こしていたのは自分の幼い頃の経験だった。引っ越しを繰り返したが、多くは同胞が比較的多い地域である。幼稚園から朝鮮学校に通い、生活の大半を同胞の中で過ごしていた朴だが、学校と家の間では近所のいじめっ子たちの標的になった。最も憶えているのは初級四年生から六年生の二年間を過ごした上賀茂(京都市北区)での体験だという。そこは賀茂川の砂利採取が朝鮮人労働者を吸収していたエリアである。京都市における都市形成と朝鮮人の関係を研究する高野昭雄によると、上賀茂地域に植民地出身者が増えた大きな要因は他にもあった。一つは漬物の材料となる京野菜「すぐき菜」である。上賀茂エリアではこのすぐき菜の大規模な栽培が行われており、大量に使う下肥の原料である屎《し》尿《にょう》の運搬に朝鮮人が従事していた。

「遊ぶときは近所の子と一緒なんですけど、いさかいがあると『チョーセン、チョーセン』って言われて、いつもそれでいじめられて仲間外れになって、それで終わり、みたいな」

実は彼女を「チョーセン」と罵っていた子どもの中には、それで自らの朝鮮性を否定し、日本人の側に近づこうとする同胞の子もいた。「ある時に腹が立って、日本の子と取っ組み合いの喧嘩したら、以降は全然遊ばなくなった。でもある時、妹と二人、朝鮮学校の制服で歩いてたら、その男の子らが後ろから来て、『チョーセン！』って言うが早いか、ランドセルをつかんで後ろに引き倒して、ひっくり返った妹の顔に唾をばーっと吐かれたんです。私はその子を追っかけて、乗ってる自転車ごとひっくり返してね、もうボカスカやったんですけど(笑)」。自身の被差別体験を笑いながら面白おかしく語る。事件を取材するなかで、自らの被差別体験を諧謔《かいぎゃく》も交えて語る人に何度も出会った。そこには、本来なら思い出したくもないこうした体験を対象化できる自分を確認したいとの思いもあるような気がする。

やられたらやり返したのが朴だった。それが子どもの目には「いじめ甲斐」のある「女の子」と映ったようだ。嫌がらせは執拗だった。「チョーセンあっち行け」は日常茶飯事だった。ある日はランドセルに入れていたそろばんを背後から引き抜かれ、「チョーセン」の罵声とともに頭を殴りつけられたこともある。「そんな記憶があって、ずーっと、なんていうかな、疎外感っていうのかな。なんかもう、いじめられる内容がそんな感じで。……朝鮮人が嫌な人がいるんだなって、そんな感じでしたね」。少しハスキーなよく通る声で、豪快に笑いながら話す朴が、この時は押し殺すような声で呟《つぶや》いた。

そんな彼女が「朝鮮」に塗られた差別意識、あるいはネガティブなイメージを削ぎ落としていったのが、他でもない朝鮮学校だった。「黒板に先生が『朝鮮』ってひらがなとハングルと漢字で書いて、『朝が鮮やかなんや』って説明してね。それでオルガン弾いて歌うたってくれてね。文字が輝いてましたね」。その後、京都朝鮮歌舞団に入り、歌手として活躍することになる朴の原点は、もしかしたらその時の感動なのかもしれない。

「いじめ」ではない形で日本人とかかわったのは結婚、出産の後だった。少しの期間だが二人の子どもを日本の保育園に預けた時のことだ。自分の子どもに日本人の保育士が離乳食を与えている光景を目にしてはっとした。『「一緒に生きる』ということを考えましたね。集住地域で育って、朝鮮学校出身でしょ。昔のことがあったから日本人に警戒していた部分があるけど、『けっこうみんないい人多いやん』って(笑)。その時、初めて私、『在日』の親になったと思うんですよ」。今も当時の保育園の保育士たちとはつき合いがある。だから事件後も子どもには「日本人は」ではなく「あくまで人としてつき合う」ことを言い聞かせてきた。

「在日」として、すなわち、単に異郷に生きる朝鮮人ではなく、日本に生まれ、日本で育ち、日本社会に根差す朝鮮人として地域社会で生きるなかで、日本人、日本社会に対する警戒心は心の奥底にしまっていた。「面倒くさいこと」を幾度も経験しつつ、それでも努力しながら自信と日本社会に対する信頼を築いてきた。それを根本から破壊しようとしたのがあの事件だった。子どもが通う学校を、朝鮮学校というまさに先人が残した宝を襲われた怒りと悔しさ、悲しみ、そして無力感。でもどこにぶつければいいのか？　思考は堂々巡りを繰り返し、その矛先は「自分の甘さ」に向かった。法も良識もこの状況には対処できなかったとすれば、自らを責めることしか残されていなかった。

喪失感

街宣後、石塚伸一弁護士と二人で、襲撃者らの行為は日本の法律に照らして犯罪であると説明したのは保護者の一人、刑法学者の金尚均だった。長時間に亘る罵声のシャワーを浴びて、金自身、何も語れなくなっていた。それでもあの時、学校一階に立ち込めていた沈黙を破ろうと自らを奮い立たせたのだ。

帰宅後、金尚均が感じたのは「喪失感」だった。三五年前の被差別体験がよみがえった。「小学校二年になった時かな、一階の廊下から外にちょっと出たとこで五人くらいの子に囲まれてね。ぼくは当時、通名で金城と言ってたんですけど。『金城、お前チョンコやろ。チョンコは竹食ってんねやろ。お前ぇ〜、チョンコやから分かってんねんやろな』って。小学校二年生でもやっぱり知ってるわけなんですよね。『金城』って名乗ってても、名字に『金』がついてたらそれだけで朝鮮人やと分かるんですよ。おそらく家で親たちが話すのを聴いてるということなんですよね」

竹とはおそらくキムチのことだ。子どもたちの言葉はおそらく、キムチは人間の食べるものではないとの意味だった。キムチを食べる者は同じ人間ではない。対等な人間ではない。朝鮮人はワンランクもツーランクも劣った存在である――。幼少時に浴びた言葉が、その日の昼に突き刺さった罵詈雑言とリンクした。引き戻されたのである。

「その時にぼく自身は自分の名前が非常に悪いもの、自分の出自というのが非常に恥ずかしいもんだと思ったんですよね。何というか肯定的に思えないもんだというふうに思い込んでしまったんですよ。その時には取っ組み合いの喧嘩になったんですけど、それはそういうことを言われて攻撃されたから喧嘩になったわけで、何も自分の出自を守るためにとか、名前を守るために喧嘩したとは到底思えなくて。それからも肯定的に思えるような実体験ってなかったんですよ。韓国朝鮮の話が学校の社会科の中で出ても子ども心に非常にびくびくしちゃうんですよね。なんか『ばれるんちゃうかな』って」

金尚均は一九六七年生まれとしては珍しい在日二世である。両親は済州島出身で、家庭内など互いの会話では朝鮮語を使っていた。いきおい朝鮮文化に触れる機会も多かった。「今も成人になるまで自分が朝鮮人であることを知らない子がいたりしますけど、その意味では自分が朝鮮人であることは隠しようがなかったし、親もそう言ってました」と言う。民族学校に通う機会はなかったが、朝鮮学校に通う学生たちが長期休暇中に地元で開く朝鮮語教室「オリニソダン」(オリニ＝子ども)に参加したりもした。でも自己肯定感とは程遠い毎日だったという。「外では朝鮮人であることは隠すのが当然でしたね」。そのなかで初めての外国人登録もした。印象に残っているのは「潜在的犯罪者」扱いを糊塗するかのごとき役人の丁寧さだった。「靴墨みたいなのを付けられて、ベタッとやりましたね。あれ面白いのはこう(押捺)した後に、役所の人が綺麗に手を拭いてくれるんですよね。『この人、なんで親切に手ぇ拭いてくれるんやろ』って、なんか不思議な感じやったなあ」

同じエリアの子どもたちが持ち上がるのである。私立とはいえ高校でも身元は「ばれて」おり、民族差別が影のように付きまとった。出自をからかわれ、何度も殴り合いの喧嘩をした。ボクシングを始めたのも高校時代だ。「それで飯を食いたい」というほどに入れあげた。今も拳のあちこちは殴りダコで分厚くなっている。今は大学教授だが、若かりし当時、相当に尖《とが》っていた時期もあったようだ。

「それでこんな生き方は嫌だなって。もし大学に入れたらこれ(通名使用)はやめようと思ったんです」。大学入学時、ついに通名の「金城」を棄てた。「最初に大学に行った時、キム・サンギュンってなってるわけですけど、なじみがないんですよね。なんか不思議な感じでしたけど、やっぱりすがすがしかったですね。本名で行くんだから、これからは隠してるものがばれるわけじゃない。これで何かあったら『後は野となれ山となれ』だなと思ったんです」

大学時代は留学同に所属した。そこで朝鮮の言葉や歴史、そして文化を学んだ。同世代の同胞たちと時には夜を徹して語らうなかで、これからも朝鮮人として生きる覚悟とモチベーションを少しずつ積み上げてきた。

「今では自己肯定感を得られるようになった?」と聞くと、少し間を置いて答えた。

「『はい、そうです』とは言えない。昔培ってきた否定的な考えは、何らかの拍子に出ます。十全たる自己肯定感なんて持てないですね。いやむしろ『あり得ない』かなあ」

幼少期の被差別経験、通名で生きてきた経験の影響は大きい。「同化か排除か」をつねに強いる日本の社会はマイノリティにとってそれほど抑圧的なのだ。

金尚均も彼のパートナーも朝鮮学校で学んだ経験はない。それでも子どもを朝鮮学校に送ったのも『余計なこと』を意識せずに生きてほしい」との思いだ。朝鮮人であることを否定的に捉えずに育つ。今も屈折を抱える自分とは違う子ども時代を与えたいとの思いだった。「ぼくたちにとっては『実験』です」と言う。四人の子どもはいずれも朝鮮学校に通う。「当たり前のように朝鮮学校に通って、朝鮮人であることに何の葛藤《かっとう》もなくヌクヌクと育っているのが少し不満ですけどね。『これで大丈夫かな』とか」。そう言いながらも、目は笑っている。

それは金自身にとっての民族教育でもある。「ぼくの場合、半分は自分のためですね。常に意識を高めて、動機づけをしたいという思いです」。アボジ会役員として学校運営や行事のサポートに徹するのも、彼にとってはある意味、「生き直し」だった。だからこそ、その軌跡を根こそぎにしようとしたヘイトデモのダメージは大きかった。

「日本社会の構成員として、ぼくらもこれまでいろんな形で努力してきたと思うんです。日本社会側でも一九九〇年代から『多文化共生』とか言われ出して、朝鮮学校に対する差別措置も徐々にではあるけど改善されていった。それなのにあの街宣は、自分がこの社会に対して持っている、というよりは積み上げてきた感覚、認識を根こそぎにしてしまった。小学校時代に投げつけられた差別語が蘇ってきて、あの経験に引き戻された。努力して高めてきたものをあの街宣は『ドカーン』と落としてしまった。『お前ら道の端歩いとけ』とか『約束は人間同士がするもんなんですよ、朝鮮人とは約束は成立しません』とかね。同じ人間じゃないと言われたわけですよ。頭の中は真っ白でした。まさに『喪失感』でしたね」

揺らぐ信頼

襲撃事件のあの日、第一初級には交流授業で第二、第三、そして滋賀初級の生徒たちもいた。差別街宣を直に目にした子どもはほとんどいなかったが、大半は学校に起きた異変、あるいは事態の一端にもちろん気づいていた。

少し遅れて学校を出発した滋賀初級のスクールバスの中で滋賀初級学校の教師、鄭想根は子どもたちに語りかけた。「もう分かってる人もいるかもしれません、学校に変な人たちがやってきましたけど、学校をみんなで守りました。これからも守ります」。そして聞いた。

「みんなの周りの日本人にああいう人はいますか?」

「いません」

「そうですね。ああいう人は一部です。これからも日本の人たちと仲良くしていきましょう」

「はい!」

元気な声に安心した。「媚《こび》を売らず、なおかつ堂々と肯定的に自己主張する子を育てていく。そのためには地域に根差して交流を深め、差別問題が起きればそのつど、話し合って解決していく」。鄭の信念だった。彼のその挑戦に汚物を投げつけたのがあの差別街宣だった。

鄭は現在の滋賀県高島市に生まれ、中学までは日本の学校に行き、高校から京都朝鮮中高級学校の高級部へと進学した。そもそも将来の選択肢に朝鮮学校の教師はなかった。「今の教員を目指している若い人たちと話すと、全然私は志がないなと思いますね。私、低いです(笑)」

高級部から朝鮮大学校に進学、理数系が好きだったことから理学部に入った。「言葉や文化を身につけて、『本物の朝鮮人』になりたかった。それだけです。おそらく需給バランスの問題だったのでしょうね、折に触れて教員を勧められましたけど、正直、気が進みませんでした。教職に嫌な感情を持っていたんじゃないです。逆です。少なくとも私の接した教師は人間的に素晴らしい人だった。私とはかけ離れた存在だと思ってたんです。だから私に教師は無理だと、向いてないと思ってたんです」

教育実習は新潟だった。中級一年のクラスにつけられた。担任は中堅どころの三〇代半ばくらいの女性だった。「実習といってもあれこれ言われず、好きなようにやらせてもらっていた」と振り返る。そんなある日、「『今日は家庭訪問に行くから』と言われてついていった」。中一の男の子の下に二人の三人きょうだい、何かしらの事情で父子家庭、だが父は出稼ぎで家にはおらず、長男が下のきょうだい二人の面倒を見ている家庭だった。

家に上がった。最近の生活状況でも聞くのだろうと思っていると、その教師はおもむろにエプロンをつけて髪を後ろに束ねた。溜まった汚れ物を洗濯して干し、軽く部屋を掃除すると、買ってきた野菜と肉を持って台所に入り、切った野菜と肉を次々と鍋で炒めはじめた。カレーを作っていたのだ。学生の鄭には何が何だか分からなかった。「この人はいったい何をしてるんだろうと思いましたね、それでカレーができ上がったら小さい机を囲んでみんなで食べてね。終わったら後かたづけをして、一段落したらすぐさま『はい、帰るよ』って。家庭訪問だけどそれだけ。何も言わなかったんですよ。それが自然体でね、何の違和感もなかった。私ね、ほんとにもう単純に、このような人になりたい、教師以前にこのような人でありたいと心から思ったんです」。以降、一貫して朝鮮学校の教師を務めてきた。

京都から帰途のバスだけでなく、翌日も襲撃について同様の説明をして、教師たちともミーティングをして気持ちを合わせた。「恐怖感からは子どもを守れたとは思ってます。むしろ子どもに『ああいうことがあったけど大人から守られた』という安心感を持ってもらえたかなとも思ってます」。その一方で言った。「今回、参加した高学年の子どもたちは『あの事件』を経験しています。情けないことですけど、子どもも私たちと同様に、『騒動』に対する免疫があったのかもしれません」

「あの事件」とは、前述した二〇〇七年の大阪府警による滋賀初級の大規模捜索だ。「当時、うちは中級を止めて初級一本に絞った後だったんです。なぜか同時期の父母たちは完全に三世ばかりになっていて、良くも悪くも昔を引きずっていない。(中級廃止の)無力感を覚えつつ、新しいことを導入して、アボジ会、オモニ会の再構築に取り組もうと思ってました」

その矢先の強制捜査だった。直接の被疑者ではない学校を機動隊員で囲み、土足で「ガサ入れ」に入る。「政治目的が疑われる」人権侵害として、後に日本弁護士連合会が大阪府警に、宇都宮健児会長名での警告書を出したほどの強引な捜査だった。市民の批判が集まり、三日後に学校最上階の講堂で開かれた集会は六〇〇人もの参加者――その約三割は朝鮮学校とは直接関係のない日本人だった――で溢れかえった。オモニたちは連日のように大阪府警への抗議行動を行い、地元の駅でもビラ配りをした。

「そのなかで『朝鮮学校に子どもを送るとはどういうことなのか』『この日本の地で朝鮮人として生きるとはどういうことなのか』を突きつけられたわけです。あれが確固たる闘いの実践経験になって、『学校を守る』との思いが築けた。その時の卒業生六人が今春、朝鮮高校を卒業したんですけど、うち二人は『法治国家で闘うためには知識と権利として法律を使う必要がある』といって法科に入りましたね」。その上で鄭想根は言った。「でもね、私は個人的に思うんです。一世、二世、私たちの世代は結局、日本社会からの差別を通して民族的自覚ができていった。私ね、被差別経験でアイデンティティが構築されることには大反対なんです。歪んでいるとすら思う。否定的な負の遺産を再生産していく時代は私たちの時代で終わらせないといけない。差別がないところでお互いを肯定し、認め合い、そこでアイデンティティを育むのが理想だと思ってやってきた」

その思いは二〇〇六年から毎年、学校を会場にした祭り「ウリハッキョマダン」を開催してきたことに現れている。「ウリハッキョ」(朝鮮語で「私たちの学校」)とは言うまでもなく、在日朝鮮人が奪われた言葉や文化を取り戻すために立ち上げた教育機関である。だが滋賀初級では、地元のブラジル人学校や部落解放運動のメンバーたちもウリハッキョにブースを出し、交流を深める。「ウリ《私たち》」を朝鮮人同胞だけでなく、地域の人々の「ウリ」に開いていく。特定の属性を超えて私たちの街にある「私たちの学校」を目指しているのだ。「いろんな人と出会い、仲良くなり、楽しむ」。シンプル過ぎるほどのテーマは、その大切さと難しさを知るがゆえだ。当初は保護者からの異論もあったというが、対等な人間同士として互いを育むためにも地域にフルオープンな存在でありたいとの鄭想根の思いに理解は広がり、祭りは定着している。その方向性について鄭に迷いはない。だが、しばしば醜い現実を突きつけられる。

「二〇〇七年の弾圧以降、二〇〇九年の襲撃事件も含めての流れは、結果として私が行ったことの反対になってるわけです……私の考えが甘いんでしょうかねぇ」

学校ではあくまで共に社会をつくるパートナーとして日本人の存在を教え、交流事業を進めている。その教育実践は滋賀県全体でも人権教育の先進例として高く評価されている。もちろん交流すれば本音

創立60周年の公開授業には一般参加者も多数訪れた．公開度の高さは周囲の視線を意識せざるをえない立場が背景にある（京都朝鮮第一初級学校〔当時〕で，2006年10月7日）

も出る。発した本人すら気づかなかった差別意識に子どもが直面することもある。やり取りをめぐってトラブルになることもあれば、交流で抱いた社会に対する信頼感が、学外で出会った差別事件で揺らぐこともあった。その乖離《かいり》は具体的な事件が起こるたびに話し合い、互いの納得と了解のもとで解決してきた。それが鄭の人間に対する信頼感だった。そこにあの街宣が起こった。何度か浴びせられた「不逞鮮人」の言葉に、植民地時代の先人の記憶を分かち持ったのは前述した通りだ。それは、一〇〇年経っても変わらぬこの社会の地金を目の当たりにする経験でもあった。世代を超えて「引き戻された」のだ。

　鄭の話を聞いたのは滋賀初級学校の校長室だった。話しながら、こみ上げてくるものに何度も言葉を詰まらせた鄭の心の中では、当初の「喪失感」や「無力感」が今も疼《うず》いているようだった。それでも、鄭は明快に言い切った。「あれは日本社会のごく一部です。私たちは、そうでないもう一つの支援の広がりを信頼してやるしかない。むしろ今（二〇一三年夏）では『なにくそ！』『やってやる』という気持ちです」

子どもが負った心の傷

「喪失感」「無力感」「絶望感」「引き戻され感」——。ヘイトデモが抉った心の傷に大人たちが苦しむ一方で、将来に亘っていつ開くかもしれない傷を負わされたのが朝鮮学校に通う子どもたちだった。この日を境に、とうに終わったはずの夜泣きや夜尿が始まった子がいた。「公園に出たくない」と泣く子。襲撃者を思わせる作業着姿の大人に怯え、古紙回収や廃品回収の拡声器でのアナウンスに「在特会が来た」とパニックを起こす子どももいた。一人で留守番ができなくなった子もいる。「大丈夫」「何でもない」などと、ことさら気丈に振るまう子もいたが、そこにある種の「否認」がないと言い切れるだろうか。日本の学校なら間違いなくスクールカウンセラーが配置されるケースだろう。だが、普段は「多文化共生」「国際理解教育」などと口にする京都市や市教育委員会からは一切、ケア要員派遣の申し出はなかった。高校無償化排除と相次ぐ自治体の補助金停止・廃止の動きに後押しされるように、今では防犯ブザーの配布まで一時拒否される(東京町田市)ほど先鋭化した朝鮮学校への差別がここにも表れている。特別措置が必要な非常時になるほど、外国人学校であり、朝鮮学校であることで強いられている公的サポートのなさが露呈してくるのだ。その穴を埋めるのは、教師の過重労働と保護者の無償労働である。

襲撃約1カ月前の授業参観．攻撃されたのはこの日常だった(京都朝鮮第一初級学校〔当時〕で，2009年11月1日)

　襲撃事件の数日後、朴貞任はネットにアップロードされた動画を観た。車の窓越しに聞こえていたあの割れた音は何だったのか？　あの時に何が起こったのかを知りたかった。映し出されたのは信じがたい光景だった。差別用語と怒号、ハウリングの金属音――。すぐに動悸が激しくなった。子宮に絞り上げるような痛みが走り、吐き気がしたという。自分が、そして自分の父母、祖父母が浴びたであろう罵詈雑言が、未来そのものである四世、五世の子どもたちに投げつけられている。襲撃者を放置し続ける警察官たち。黙ってひたすら耐えるしかない教師や保護者、卒業生たち。見知った顔もいる。胸が潰れる思いだった。何度も画面に向かって、「もうやめて、もうやめて……」と繰り返した。

その時、娘が部屋に入ってきた。当時、三階講堂にいた娘は事態を詳しくは知らなかった。朴はその時起こったことを説明し、あえて襲撃動画を娘と一緒に見た。安全と苦痛を天秤にかけた上での判断だった。「見せたくないけど、これが現実だって。ほんとは朝鮮人であることが危険につながるなんて言いたくない。けど、それを言わなかったのも『甘さ』だったかもしれないと。自分が思うほど朝鮮人は受け入れられてないし、日本人は優しくないいんだなって思ったから……」

娘からは質問攻めにあった。

「朝鮮人《チョソンサラム》って悪いことなん?」「何であの人ら怒ってんのん」「どこに帰れって言ってんのん?」「また来んのん?」――

「日本には朝鮮人《チョソンサラム》を嫌いな人もいる。あの人たちはそういう人やねん」。ごまかさず、丁寧に答えたが、最後の問いには答えられなかった。「また来るか、それだけは、分からへん」と言うしかなかった。後にオモニ会で子どもの変化を聴き取った際も、正確な文言は違っても、子どもたちがオモニたちに向けた質問は共通するものばかりだった。なかでも多かった問いは、「『朝鮮人』って悪いことなん?」だった。

「朝鮮学校で学んでいる、特に四世、五世の小さな子どもたちは、『朝鮮』に差別的な悪意を込めた『チョーセン』という用法があることをまったく意識していないんです。オモニたちはなんと説明したらいいのか悩んでましたね。『朝鮮人』という言葉を差別的な意味で使う人がいるのかを教えるべきなのかと。本当はそんなことは教えたくない。だからこそ、通学は遠いし授業料も高い、設備だって日本の学校に比べれば悪いし、何かあるたびに安心・安全の不安が付きまとってもなお、親は子どもを朝鮮学校に送っているんです。朝鮮人として、余計なことを意識せず、伸び伸びと育ってほしいと思ってるんです」

「あの時」の苦しさを語る朴貞任(2013 年 10 月 7 日)

まさにそう思って子どもに朝鮮学校進学の機会を与えた一人である朴も、事件直後に地元のスーパーで、娘に「オンマー（「母親」を意味する朝鮮語の子ども言葉）」と大きな声で呼ばれた時、背中に冷たいものが走った。思わず娘の口を塞ぎたくなったという。

「自分の国の言葉を日本社会の中で自然と使う。これは朝鮮学校に子どもを通わせた時の思いの一つなんですけど、うれしいより先に恐怖が走ったんです。それぐらいに追い詰められていたんですね。かといって外では『お母さん』『ママ』と呼びなさいとは言えないですよね。自分が揺れたら子どもの心も揺れると思うから、いつも葛藤していましたね」

一夜明けて

学校は翌日も平常通りに授業を行った。高炳棋校長は事件翌朝に入った理科の授業で感じた、得も言われぬこわばった空気を思い出す。「『昨日は大変だったけど、みんなで学校を守りました。大丈夫ですか？』と話しました。私の言葉にどれほどのヒーリング効果があるのか分かりませんが、それでも何もなかったように始めるわけにはいかないですから」

教務主任だった金志成は、子どもへの影響を懸念していた。「『朝鮮人であることは悪いことではない。堂々と生きよう』と常に言ってきたのに、全部覆されるような発言を言われっぱなしになったわけですよね。言葉だから、ではないわけです。言葉だからこそ傷は残る。翌日から折に触れて『君たちは悪くない』『学校でやってることは間違ってない』と強調しましたけど、将来的な影響は心配しています。彼らが大人になって親になった時、何の躊躇《ちゅうちょ》もなく入れられるウリハッキョであるかどうか……」

そもそも高速道路建設の関係で、教員が一人、校門で張り番に立つことになっていた。これだけでも大変な負担だが、翌日からさらに教員を一人、見回りに配置した。オモニ会も見回りに加わった。一番乗りは裵貴子だった。「まあ私は時間が空いてるから」と本人は笑うが、周囲の人たちの印象は違う。「『もう、耐えられへんっ！』って、ものすごい精神的に追い詰められていた」

保護者たちの不安に拍車をかけたのが動画だった。動画は、伝聞だった襲撃の模様を具体的に保護者に突きつけた。だが、動画を観たのは保護者だけではなかった。朴貞任のように自らの判断で子どもに見せた者もいるが、子どもたちの多くは、親の与《あずか》り知らぬところで動画を観ていた。大人たちの努力は無に帰した。

動画に煽られたのか、学校には日本人市民からの電話が相次いだ。激励もあったが、多くは無言電話や一方的な罵詈雑言だった。口汚く罵る相手に反論すれば泥沼になる。かといって相手がどんな人間かも分からない。無下に切って逆上させれば子どもに危害が及ぶかもしれない。でも対応に手を取られれば子どもに向き合えない。一時は学校の電話線を抜き、あらゆる連絡を携帯電話でとったほどだった。

さらに金志成らを煩わせたのは、学校周辺にやってくる在特会関係者とそのフォロワーだった。半世紀以上の「不法占拠地」への「進軍」の舞台として、第一初級はすでに在特会とその支援者の間では「聖地」となっていた。学校周辺にはデジタルビデオやカメラを持った不審者が頻繁に徘徊した。「マスクをしてたり、あるいはカメラを向けてる人を見たら胸に日の丸のバッジが付いてたりするわけです。最初のうちは近所の人たちも一緒になって注意してくださったりしましたけど、子どもに向けるのは止めてくださいといったら『撮ってるだけや』とか言い返されて、口論みたいになったり」。不審者は金志成がメモしているだけで一二月中に七人を確認している。

紛糾する保護者説明会

一二月八日、高学年の生徒に対し正式に説明がなされ、同じ日、保護者への説明会も開かれた。高学年への説明は金志成が担当した。「校庭を使ってきた経緯や近隣との友好の歴史を話して、自分たちは間違っていないと説明しました。でも言われっぱなしだったわけですよね。それが子どもたちにどう思われているか。これまで学んできたことが全否定されたわけですから」

保護者への説明会では厳しい声が相次いだ。それでなくても朝鮮学校に通わせるのは「危険」が付きまとう。大韓航空機爆破事件、核疑惑、テポドン、そして拉致……。朝鮮をめぐる問題が喧伝《けんでん》されるたびに、それに乗じた不特定多数からの悪意にさらされるのは子どもたちである。だからこそ「保護者や子どもたちに余計な心配をかけてはいけない」との学校側の「配慮」だったが、思わぬ結果を招いた。「予告があったんやないか！」「分かってたらアボジやオモニがシフトで警備することもできたやないか！」「結局、親で守るしかないやないか」。保護者の怒りは収まらなかった。「あの声をかけられた男の子、私の子どもなんですよ！」。オモニが号泣して抗議した。

教師の鄭由希は言う。「『言った方がいいのでは』との意見もありましたけど、『来るかどうかも分からない段階で心配をかけることもない』との声もあって……。結果的にあれで教師と保護者との間がギクシャクした時期もありました」

やり場のない怒りが教師に向く。以降、この状態は年度明けまで続くことになる。保護者や教師の心労はいかばかりだったか。

いらだちの一つは、なぜあそこまでのことをされたかが分からない、どこに責任を帰せばいいのかが分からないことにあった。なかには学校側とそこに属する自分たちの対応に責任を帰する人もいた。「そもそも形式的とはいえ不法占拠だったのは事実」「昔から公園だったわけだから賃料を払うべきだった」「高速道路建設計画が出た段階で代替地を探しておくべきだった」「さっさと撤去しておけばよかった」――。確かにそうすれば展開は変わったかもしれない。しかし「そもそも論」として学校にグラウンドがなかったのは、軍政部の指示を受けた京都市が学校を陶化小から追放したことにある。しかも襲撃は、すでに代替地を見つけ、市に撤去を約束した後に実行されたのだ。

自らに責任を帰す人は、あの場にいなかった人、とりわけ男性に多かった。私には、あれほどの理不尽にさらされた者たちの精神的な防衛機制に思われた。白昼に堂々と子どもがいる場所にやってきて、聞くに堪えない罵詈雑言を警官らが「見守る」中で怒号する。備品を壊しても逮捕すらされない。グラウンドに私物を置いていようが、手続き的な不備（たとえば京都市から許可をとっていなかったことなど）があろうが、それはあの一時間にも亘る罵詈雑言と釣り合うものであるはずがない。このような理不尽にさらされた状態で、この社会でのこれからを生きるためには、なにか「合理的」な理由を探して「納得」するしかなかったのではないか。

関係者の中には、襲撃当時のあの場での対応を「弱腰だ」と批判する声もあった。保護者や卒業生のなかからは「力がないからやられる」「倍の数を集めて実力行使するべき」との意見もあった。警察が守ってくれないのなら自力救済しかないとの主張である。子どもの身を案ずる思いの強さを考えれば、出ても不思議ではない意見であるし、実際、襲撃直後に関係者たちが警察に抗議した際も応対した担当者は「自分たちの対応に非はなかった」と言い切っていたのだ。

加害者がくり出す誹謗中傷に対し、被害者も罵詈雑言を投げ返し、場合によっては暴力に訴える――ヘイトスピーチ（差別煽動）は時に、被害者を加害者と同じレベルに突き落とす。ヘイトスピーチの最悪の害悪の一つだ。しかし、場所は学校である。子どもたちが学ぶ場所である。話し合いなど成立しない相手だからといって、襲撃者たちの罵詈雑言に怒号で応じるのはもちろん、力で黙らせるなどあり得なかった。それ自体がある意味で、「差別煽動」に乗ってしまうことだった。「主戦論」を唱えるのが保護者や関係者なら、そのつど話し合いもできたが、厄介なのは動画を観た、直接第一初級とは関係のない同胞からの批判だった。「腰抜け」「やるべきだった」……。これらの対応にあたった人たち数人が「実は最も辛かったことの一つ」と打ち明けたのは、あそこで耐え抜いた覚悟に対する一部同胞の無理解だった。

ヘイトクライム

特定の民族、属性への憎悪に基づく犯罪行為。まさにあれはヘイトクライム（憎悪犯罪）だった。だが関東大震災時、「朝鮮人が井戸に毒を入れた」などの差別煽動（ヘイトスピーチ）により数千人ともいわれる朝鮮人が、軍や自警団などの手で虐殺された歴史を持つはずのこの日本には、いまだヘイトクライム規制の法制度がない。それは憎悪犯罪が他者の利益を侵害する深刻な行為ではない、とのメタメッセージを各分野に発信してしまう。前述した保護者や教員、子どもら被害者の心的外傷を考える上での研究蓄積もほとんどない。被害者だけではない。欧米のようにヘイトクライムを犯して収監された者に対して、自らの行為の根にあるレイシズムを服役囚に見つめさせるだけの矯正教育も、当然のことながら行われていない。

米国の社会心理学者ケリーナ・クレイグ＝ヘンダーソンによると、一般的にヘイトクライム被害者は社会生活を送る上での三つの前提を打ち砕かれる。一つは、自分はむやみに攻撃されない、傷つけられないとの信念。次に、世界は（生きるに値する）有意義な場であるということ。三つ目は、自分自身への肯定感である。

さらにクレイグ＝ヘンダーソンによれば、被害者には必ずと言っていいほどみられる心理的被害の五パターンがある。

一．持続する感情的苦しみ
二．前提の粉砕
三．逸脱感情
四．帰責の誤り

五．被害者集団に属する者への影響

あの襲撃の場に幾度も引き戻され、投げかけられた罵詈雑言を反芻し続ける「持続する感情的苦しみ」。そして、「朝鮮人って悪いことなん？」「朝鮮学校やからアカンのん？」と子どもが訊く「逸脱感情」。さらには、出来事の責任を加害者ではなく、自ら、あるいは学校に求め、「納得」しようとする「帰責の誤り」――。被害実態から照射しても、あの出来事は、まさにヘイトクライムに他ならなかった。

日常を取り戻す努力

「日常が破壊された」、朴貞任は言う。一二月四日の襲撃以降、朴たちの生活は「子どもの安心・安全」一色に塗り込められた。「オモニたちで毎日、学校に集まって、『対策を練らなアカン』とか言ってたけど、何をどうしたらいいのかも分からないでしょ。みんなの意見をとにかく吸い上げて、緊急連絡網を作って、プラス見守りもしようとシフトを組んだ」。駅での見守り、周辺コンビニへの発生時保護のお願い――。『『子ども110番の家』も二、三軒回りましたけど、『あ、そうですか、バタン』みたいな感じでした。ちょっとさみしいというか、結局、自分らで守らなアカンのかなって」

知恵を出し合うしかなかった。「より迅速に情報を回せるメーリングリストや電話の連絡網はすぐに整備しました。通学路や学校周辺の見回り、民家からコンビニ、ガソリンスタンドまでご近所への何かあった時の協力のお願い。なかには学校に有刺鉄線を巻く案まで出ましたね。さすがに教育現場には相応しくないし、何よりお金がかかり過ぎるのもあって採用されませんでしたけど、できることは何でもやりました」と朴貞任は言う。

不安と不信、そして自責の念。混乱の極みにあったオモニたちだが、学校行事はいくつも控えていた。

その一つが五日後、地域に公開で行われる「餅つき」だった。

「あの事件の直後ですから、『周りの日本人は誰も信用できない』みたいな疑心暗鬼もありましたね。門を開けるかどうかも含めて不安だらけです。でも子どもたちも楽しみにしてるし、『やろう』となったんです」。破壊された日常を子どもたちに返してやりたい、その思いからだった。それは、やり場のない怒りと悲しみを抱えたオモニたちにとっても大きな一歩だった。

警戒も含め、アボジたちも大勢参加した。中庭で餅をつき、炊き込みご飯を作り、来場者にも振るまった。たくさんの大人たちに見守られた公園で、子どもたちも思う存分に体を動かしていた。すでに各地からメールやファクスで激励や連帯のメッセージが届いていた。その数は年内に一〇〇通を超えた。この日も何人かの日本人が訪れた。その中に花束を持ってきた三人の日本人の男女がいた。

「目にいっぱい涙溜めてね、『皆さんは心を痛めないでください。これは日本人の問題、恥ずかしいことです』って。事件からずっと私、しんどかったんですよ。日本社会から拒絶されて否定されてるって思って。それも朝鮮人やから仕方ないんかなって。でも『朝鮮人だから』なんて、子どもには絶対に言いたくないことだし。憤りも持って行き場がなかったし……。それを自分の問題と言ってくれる日本の方がいて、あっ、そうなんだって。『目からウロコ』でした。あれで肩に圧しかかってたものがストンと落ちましたね。他のオモニたちも号泣してた。みんな辛かったんだなぁって」

餅つき大会ではつきたての餅を近所に配るのが習わしである。

「実は事件後、最も緊張した瞬間だった」と朴はいう。「事件の直後でしょ。私たちのことをどう考えているのかが怖くて。そもそも配ってもええんやろかって」

磊落《らいらく》な朴が「この日は二人一組で行った」というから緊張のほどが分かる。「自然に『この前はご迷惑おかけしました』って言葉が出ましたね。今では何で私がお詫びするんやろって思うけど(笑)。当時はほんとに自然に出た。なかには『大変やったな〜』『がんばりや〜』って励ましてくれる人もいて。配り終わった時はもう皆で『やり切ったーっ！』って」

朝鮮学校を取材すると、日本の公私立学校(いわゆる一条校)では考えられない「近隣への配慮」を目の当たりにする。阪神淡路大震災では朝鮮学校はいち早く地域の被災者を受け入れ、同胞からの救援物資を分け与えた。「困った時はお互い様」で済む話ではない。そこには常にマジョリティの「感情」を意識せざるを得ない力関係がある。東日本大震災でもしかりだ。

毎年12月には教職員，家族総出で餅つきが行われる．学校で行われる行事が「回復」への足がかりになった(2011年12月7日)

壊滅的状況になった被災地には仙台と福島に学校があった。校舎は押しなべて安普請である。余震に耐えられるかの不安もある。何より放射性物質による汚染への恐怖があった。検討の結果、福島の初級学校は新潟の初級学校へ「避難」することにした。その際、学校側がメディア関係者に言ったのは、あくまでこれは「合同授業」であり、「疎開」の言葉を使わないでほしいということ。一つは近隣への配慮だった。だが、痛々しいまでに周囲への配慮をしても、多数者の意向を体現するこの社会の「選良」たちは、当たり前のように抑圧で応える。宮城県と仙台市はあの震災のあと、いち早く朝鮮学校への補助金を「理解が得られない」などとして打ち切った。同時期、宮城県議会も、凍結中だった朝鮮学校の無償化審査を再開した民主党政権の措置を「暴挙」とする決議をあげている。これが、「がんばれニッポン」、そして「絆」の内実である。それは、日本人だけのニッポン、日本人だけの絆なのだ。瓦礫の中から構想されたはずの「新しい世界」は、「差別」をそのスタートにおいて胚胎《はいたい》していた。

ともあれオモニたちの回復への道のりは、学校行事をやり切ったこの時に始まった。支えは他でもない、攻撃され抜いた学校の存在だった。「落ち込んではいられない。それでも子どもたちはハッキョが好きだし、ハッキョに通う。だから私らは子どもを笑って送りださなアカンでしょ。大人たちだけだったらウジウジ考えてたと思うけど、起こったことはやり直せないし、今、流れてる時は止まらない。皆が大事にしている学校が襲われてすごく傷ついたけど、むしろ学校があるから立ち直りに向けて踏み出すことができた」。朴貞任の言である。

事件の翌日から始めた見回りも長期化に伴いシフト制にした。もちろん保護者の心労は続いていた。地域内の犯罪情報を知らせる警察の携帯メールシステムで近くの事件が通知されれば、保護者や学校の間には「在特会か！」と緊張が走る。酔っ払いが投げた傘がたまたま子どもに当たったことで、警察が出動したこともあった。このようななかで「日常」を取り戻すこと、それこそがヘイトクライムとの闘いだった。

一方で、金尚均は知己のある弁護士に次々とメールを入れていた。「これ、何とかできひんの？」――。あの騒乱の中で同胞から何度も問われた金は、どのような法的応戦が可能かを模索していたのだった。

4　法的応戦へ

JR環状線「新今宮駅」。高架駅の階段を下りて西口を出るとすえた臭いが鼻を衝く。国道の向かいには巨大な「あいりん労働福祉センター」(大阪市西成区)の異貌がそびえる。そこから南東に広がるのが「釜ヶ崎」。社会の底辺で仕事を待つさまを深海魚にたとえ、「アンコ」の蔑称で呼ばれる日雇い労働者たちが集まった日本最大の「寄せ場」である。しかしバブル崩壊と労働者の高齢化、そこにリーマンショックが追い打ちをかけ、日雇い求人は最盛期の約六分の一に過ぎない。言い換えればもはや釜ヶ崎に「寄せ場」の機能はほとんどない。今や労働市場は携帯電話での直交渉だ。日々の出面《でづら》(現場に必要な頭数)を揃える手配師の力量は、どれだけ若くて文句を言わずに働く「アンコ」の携帯番号を知っているかにかかっている。代わりに激増しているのは生活保護受給者とそれを食らう貧困ビジネスである。

午後二時半。早朝の労働市場が終わってから半日近く経っている。「センター」一階の吹き抜けには、仕事にアブレた男たち五〇人ほどが物憂げな表情で時間を潰していた。私が訪れたのは二〇一三年、まだ暑い九月だった。Tシャツ姿がほとんど。中には半裸の男もいる。一台だけ停まっているワゴン車のボディには「福島三カ月、一万五〇〇〇円　共同部屋、飯ヌキ、六五歳マデ」と大書きした紙が貼ってある。労働者間の情報網で、おそらく作業内容は知れ渡っているのだろう。アブレた労働者たちも誰一人、見向きもしない。男たちがたむろする吹き抜けの大きな柱には「賭博禁止」の文字がある。線路沿いには青テントが並び、建築現場で拾ってきたのだろう、色も太さもバラバラの電線を束から外してゴムをはぎ取り、中から銅を出している男や、黙々と空き缶を潰している男がいる。

一二月四日の襲撃から七日後の二〇〇九年一二月一一日午後、茫然自失だった金尚均が、今後の対応を考えられる状態になった時、赴いたのはこの釜ヶ崎だった。刑法の研究者としてあの事態に対し何ができるのか？ それを考えた時、最初に名前が浮かんだ相談相手がこの地に事務所を構える弁護士で、憲法研究者の遠藤比呂通（一九六〇年生）だった。

遠藤の経歴は異色そのものだ。憲法学の大御所、芦部信喜の愛弟子として将来を嘱望され、二七歳で東北大学助教授に就任した。憲法の実践として人権問題にも積極的に取り組んできた彼だが、一九九五年の夏、大阪での人権集会の後、部落解放運動の大御所らに案内された「釜ヶ崎」で、人が構造的に使い捨てにされている現実に衝撃を受けた。「鼻が悪いので臭いは感じなかったんですけど、人が数メートルおきに転がっていましたね。案内してくださった人から『ところで何してるんや？』って聞かれたんで、『私、大学で憲法教えてます！』って自己紹介したらね、まじまじと顔見て、『ここに憲法なんてあるんか？』って。その後で近くの食堂に行ったけど、ぼくはね……ショックでご飯もお酒も喉を通らなかった。焼き魚を目の前にして茫然としてたら、前にいた人が『それ食べへんのやったらくれるか？』ってね。『はい』と言うが早いか取り上げられて、あっという間に骨になってました（笑）」

その後も学生を連れて釜ヶ崎を訪れた。洗礼を受け、牧師を目指して英国に留学した後、ついに退職し、釜ヶ崎に移り住んだ。日雇い労働者となって鉄筋を担ぎ、炊き出しの手伝いをする日々のなかで、弁護士になった。「本当は関西で同志社大学にでも通って牧師になろうと思ってたんですけど、ある日、地元の運動家に『お前は何か資格あるか?』って聞かれたんで。うーんって考えてみたら、ぼくはすでに大学院で五年以上教えてたから弁護士資格があることに気づいた。それを言ったら、『ここには医者はぎょうさんおるけど、弁護士がおらんねや。ほな、なってくれ!』って」。運動家はその場で釜ヶ崎に関わり続けている弁護士に連絡を取り、仕事が決まった。そこでいわゆるイソベン(居候弁護士)を一年やった後、独立。新今宮駅近くに事務所を構えた。

以来一五年、釜ヶ崎を拠点に活動を続けてきた。大阪弁護士会に登録する四〇〇〇人以上の弁護士の中で、この地で事務所を開くのは今(二〇一三年一一月現在)も遠藤だけだ。「独占禁止法違反ですね。今に強力なライバルが現れると思ってるんです」と笑うが、目の当たりにしてきた現実は、学んできた理念や理想とはかけ離れた苛烈なものだった。ユーモアを交えるしかないほどに。

たとえばこの地では当たり前の光景、路上生活をめぐる問題である。好きで路上に寝起きしているのではない。ドヤ(簡易宿泊所)に泊まる金もないからだ。そんな人々の居場所を行政は「道路法」を盾に強制撤去する。住民票の問題も深刻だった。定住を前提としていないドヤでは住居が証明できない。だから労働者たちは地区内にある「釜ヶ崎解放会館」に住民登録をして、資格試験や社会保障の住所証明にするのが慣習だった。地元の西成区役所も、少なくとも窓口レベルではそれを「容認」していたはずなのに、背景事情を無視したマスメディアの「不正登録」キャンペーン報道に押される形でこれも不正とされ、彼らの住民票は「住民基本台帳法」に基づき抹消された。おまけに、この選挙権すら奪う行為に抗議した者たちのうち七人が二〇一一年春に「刑法」を根拠に逮捕された。威力業務妨害罪で起訴された四人のうち、遠藤が弁護した一人はがん患者だったが、裁判所が二度の保釈請求を認めず、まともな医療を受けられないまま一〇〇日以上の長期拘留を強いられ、翌年に死去した。

「ここに憲法なんてあるんか?」――。憲法で明記されているはずの基本的人権の数々が「合法的」に踏みにじられる。ここでは少数者の権利の拠り所として法があるのではなく、立場の弱い者たちの人権を否定する道具として法が存在していた。だからこそ、金尚均は釜ヶ崎に行ったのだろう。法律とは本来、少数者の尊厳を守るためにあるのではないのか? 金にとってこの事件には、法律を教える者としての存在がかかっていた。

刑事告訴への躊躇

ドヤを思わせる雑居ビルの三階、二部屋をぶち抜いた一八畳ほどの事務所で、円卓を挟み遠藤は金と向かい合っていた。「ものすごく悩んでましたね」。遠藤は当時の金尚均の様子を語る。「これなんとかできひんの?」。七日前の街宣時、校門の中で罵詈雑言を浴び続ける保護者や卒業生から、金は何度も悲鳴のような問いをぶつけられた。常識的にはまず刑事告訴である。だが金は悩み抜いていた。

「子どもを通わせる親であり、法律で飯を食う人間です。あくまで暴力でなく法で闘い、あの被害に一定の償いをさせるしかないとは思っていた。でも正直、ぼくには判断できなかった。確信が持てなかったんです。一番怖かったのは刑事告訴しても、不起訴にされる可能性です。その可能性はあったと思う」。刑法学者として現場を見てきた金のリアリティである。実際、翌年三月九日には第一初級襲撃のメンバーを含む約二〇名が京都朝鮮会館に「施設利用申請」をすると主張して押しかけ、再三に亘る職員の退去要請を無視して居座った。警察も出動する騒ぎになり、在特会メンバーらと総連職員らが押し合いになった際、総連側二人が負傷する騒ぎになった。総連は警察に被害を届けたが、京都地検は「被害軽微」として不起訴にした。

仮に襲撃者たちが逮捕され起訴されても、無罪になる恐れもあった。法的応戦をすることで逆に、彼らの行動を是としてしまうかもしれない危険性である。「不起訴になった後の学校内部や運動圏への影響が不安だった。だから遠藤さんがどう考えているのかを聞きたかったんです」。刑事告訴とは、相手が有罪となるか、さもなくば行為は「合法」だと刑事司法の場で認定されてしまうという二者択一に自分たちを追い込むことをも意味していた。

懊悩する金尚均を前に、遠藤は初めて彼と出会ったこの年一月のことを思い出していた。この日と同じように金尚均が事務所に来て、同じ場所に座った。彼が京都で開いていた同胞相手の法律相談で、月一回、京都に来てもらえないかとの依頼だった。だが遠藤は釜ヶ崎と隣接区にある被差別部落で月一回、一人で法律相談をやっていた。「申し訳ないけど即座に断りましたね。法律相談といってもその場で終わるわけではない。二カ所の法律相談は私一人でやっていたし、もう一つ増やせばいい加減になってしまう」

せっかくだからと近くの串焼き屋に金を連れて行き、杯を交わした。遠藤としてはフォローのつもりだった。「無下に断っちゃったし、一杯呑ませたら帰ってくれるかなって(笑)。でも金さんもぼくも相当に酔っ払ってね。私、連れ合いがソウル生まれの韓国人なんですけど、結婚の時に彼女の家族に猛反対されたんです。ところが家族に挨拶に行くと、夢に出てきた女性が彼女の姉とそっくりで、初対面でご家族にそう言ったらお姉さんがポロポロ泣いてね、家族の反対が一気に解消した。それを言ったら金さんが『あんたはペテン師だ』って(笑)。その時に彼が言ったんですよ。『そんなんね、遠藤さんが釜ヶ崎の法律相談で京都に来れないっていうんだったらね、ぼくがこっちにも入りますよ』って」

実際に四月から金は、釜ヶ崎の法律相談に入った。ここでは何らかの理由で故郷を去り、失踪宣告をされた人が少なくない。この世からは「死んだ」ことにされ、戸籍から抹消されたため住民票が出ず、介護保険も生活保護も受けられない人の戸籍回復をどうするか。借金苦から釜ヶ崎に来た人が生活保護受給で役所に住所を届けたために苛烈な取り立てが再開してしまった……。「寄せ場」という地域性が絡んだ難しいケースに二人で対応していった。「彼(金尚均)はよく人の話を聞くんですよね。法律相談が終わったら『遠藤さん、三人目の方の中ほどから話、上の空だったでしょ』とか指摘されたりしました。二人でやるのがこんなに負担を減らすもんなんだってホントに実感しましたね」

当時、遠藤が金から相談を受けたのが、公園使用問題だった。『高速道路の建設工事で、これまで使えていたような公園使用が難しくなるかもしれない。これから市と交渉していかないといけないんです』って言われたんですけど、わりと軽く考えていたんですよね」。そんななかで遠藤は金から新たな懸念を聞かされた。「在特会が学校に来るかもしれない」と。

「ぼくは『来たら教えてね、飛んでいくから』って言ってたんです」と遠藤は振り返る。「不法滞在」事案を扱うことも多い彼は、先立つ「蕨事件」を通じて在特会の存在や、その一線を越えたデモの激しさも多少は認識していた。「でも、ことの深刻さを全然受け止めてなかったんですよ、ぼくは!」

決意

一二月四日、金から電話が来た。『来た』っていうから『今から行こうか?』と返したら、『もう帰っちゃった』って」

電話を切ると、悔恨と怒りが込み上げてきた。あの場に自分がいなかったことへの悔恨、あまりにも事態を軽く見ていた自分への怒りだった。

「結局ね、あの時、あの場に、私は行けなかったというよりも行かなかったんです。要するに深刻さを理解していなかった。軽く考えていたんですね」。その思いは今もビビッドに残っている。「こんなこと言っても後知恵に過ぎないけど、事前に相談を受けていたわけですよ。本気で行く気だったら『いつ、いつ、どういう予告?』っていろいろと聞いて段取りすればいい。でもそれをせず恰好つけて、普段は『正義派です』って、カマ（釜ヶ崎）で慣れてるから現場で警察官や機動隊を相手に息巻いたりしてるわけです。でも襲撃に対して私は本気じゃなかったわけだ。ことの深刻さを在特会に対してもってなかったわけだ。もし連絡態勢も含めて段取りしてたら、たとえ西成から京都への移動でも街宣の最後くらいには間に合ったはずだ。何かあるたびに朝鮮学校の子が置かれている恐怖感みたいなものを少しでも知ってたら、最低でも『そしたら段取りしとこか?』ってなってたわけだ!」

いらだちが露になっていく。語気がどんどん強くなり、時に声が裏返る。

「あの場に弁護士のプレゼンスがどれだけ重要だったか。この遠藤をはじめ、何人も事前に相談受けてた弁護士がいたのに、普段偉そうなこと言ってるのに、石塚伸一さんしかその場には行かなかった。それなのに彼（金）はぼくを信用して西成にまで相談に来てくれてるわけだ……。申し訳なくて、自分に腹が立って、情けなくて。これは絶対にもう、徹底的にやるしかないと思った」

二人で、金秀煥が短く編集した動画を見た。自分があの場にいなかった事実が胸を抉った。「学校側から撮ってるから子どもは映っていないけど、学校であることがよくわかる。仕事がら闇金の取立て事案にも出くわしますけど、借金の取立てみたいな罵詈雑言の背後に子どもがいるんだと思ったら胸が潰れてね……人間の醜さが凝縮されてました。近所の食堂のおばちゃんが抗議してるのを観て、少し救われましたけど」

どうすればいいのか？　迷う金を遠藤は猛烈に後押しした。「うやむやにしてはいけない！　絶対に刑事告訴すべきです。朝鮮学校と子どもたちを守るためにするのはもちろん、こんな出来事を看過しては日本社会のためにもならない。そもそも告訴しないと警察は守ってくれない」。遠藤にとって告訴は九割が「守り」のための「攻め」だった。次の攻撃を止めるための「攻め」の必要性を自分でも驚くらいの熱意で延々と語った。気がつくと二時間が経過し、辺りはすっかり暗くなっていた。地元の串焼き屋に入り、横長のカウンターに座るとまず、遠藤は金に謝罪した。「ごめんなさい、本当にごめんなさい。日本人として恥ずかしい。一緒にやりましょう」。二人でビールをあおり、赤い味噌ダレに焼けたアカセンやツラミを浸して串から嚙み取った。子を通わす親としての不安、差別発言のシャワーを浴びた喪失感、そして自分が生業としている刑法ではあの蛮行に対処できないのかもしれないという無力感――。悶々としていた金の中に、方向性が見えた。

その頃、京都では金秀煥が一人、職場にいた。事態を伝えるために、すぐさま映像を編集していた彼もまた、やり場のない怒りを抱えて、パソコンに向かっていた。前を向く要素も希望もなかった。ただ「もううんざりだ」との思いで文章を書き殴っていた。

今まで生きて来てこんな腹立たしくて悔しい思いをしたことがありません。
学校の前で子どもたちに聞こえるように
〝スパイの子どもたち！〟〝朝鮮学校を日本からたたきだせ！〟などと
人として信じられない暴言を拡声器の爆音をもって騒ぎ立てました。
子どもたちはおびえて、中には涙を流すこどもたちもいたそうです。

私が悔しい、腹立たしいと思ったのは、何もその団体に感じたことではありません。

朝鮮語のことわざに〝糞を避けるのは怖いからで無く汚いからだ〟という言葉があります。

私が本当に許せないのはこのような事態が許されている〝この社会の規律と良識〟に感じています。

当日警察も子どもたちがおびえているにもかかわらず〝自分たちは間に入っている立場〟として制御しようともしない。スピーカーを校門のまん前で校舎に向けて騒いでるにもかかわらず禁止させない。

これが言論の自由ですか？ 法や警察はこどもを護ってくれないというのがむなしくてたまりませんでした。

（中略）

私はこの問題が一部のレイシスト集団の問題ではなく、それを許容する日本社会の〝良識〟を問いたいです。

たしかにこのような集団は日本人の一部かもしれません。

〝日本人は悪い人ばかりではありません。信じてください〟とおっしゃりたい方もいるでしょう。

そういう意味では日本の方々も被害者かもしれませんが、今回の問題の本質ではありません。

明確にこのような事態が起こったことは、これが許されたことになると思います。

いまこそ〝日本社会の良識〟にとうべきだと思っています。

いままで本当に悔しい思いをいっぱいしてきましたが、もうたくさんです。

今後このような事態が起こったとき、また私たち朝鮮人は門扉の前で歯を食いしばり、血の涙を呑みながら我慢に我慢を続けないといけないのでしょうか？

いわゆる「てにをは」がおかしい部分も散見されるのは、金秀煥の当時のやりきれなさの表れだ。普段は沈着冷静で論理的、弁も立つ金がいかに混乱していたかが分かる。あの時を思い出すと、今も感情が制御できなくなる。事件後、様々な集会で保護者としてのアピールを求められたが、その段になると話せなくなった。「それまでは何を話すか考えていても、いざマイクを持つと声が震えてしゃべれなくなる。自分たちの学校が襲われて、言いたい放題言われた悔しさが残っていた。心の底のダメージを言葉で説明できない辛さですね」。実際、私と話をしているなかでも話が「あの時」に及ぶと幾度も言葉に詰まり、涙をこらえた。

「警察の対応がこの社会の縮図みたいだった。何もできない。街頭や集会で演説するわけでもないし、書かずにはいられなかった」。日本社会への絶縁宣言ともいえるが、相反する思いもあった。「希望も楽観もなかった。『日本人はそんな人ばっかりや』とそこら中から聞こえてくるようで……それでも『ちゃう(違う)』と心のどこかで思いたかった。一人でも二人でもこの文章に呼応する人がいればと」

その時、携帯電話が鳴った。金尚均が串焼き屋からかけてきたのだ。泣いていた。「今な、遠藤先生としゃべってるしな、ちょっと替わるからな」。遠藤も泣いていた。「もう遠藤先生、ずっと謝ってはって。『すいません』『すいません』『もうこれは絶対に許せない。やれることは何でもやるので、よろしくお願いします。一緒に闘いましょう!』って。何かそこで『ボン』と飛んだ感じだった。『まだいけるんだ』って。日本は両親が生まれて、自分が生まれて、自分の子どもも生まれた場所だけど、『もうこの社会は駄目だ』と思ってたところだった。やっぱり、この社会にはまだ一緒にやれる人はいる、生きられる人はいるんだって」

集結した弁護士たち

その翌日、「ちゃんとやりましょう」と金尚均に電話をしてきたのは、外国人学校をテーマにした法律家間のメーリングリストで事態を知った江頭《えがしら》節子だった。連絡してきた弁護士たちは軒並み「告訴すべし」だった。その一人、豊福誠二もまた、「そこにいなかったこと」へのこだわりを持っていた。

「『在特会が来るかもしれない。何とかなりませんか』って金尚均さんから事前にメールで相談を受けました。でも一回も街宣がなされていない段階から差し止めはできないだろうし、『思いつきませんな。来たらとりあえず警察に連絡でしょうね』なんて言ってるうちに来てしまった」。当時、豊福は京都弁護士会の大きな行事を任されていて、身動きが取れない状態だった。ほどなく動画を観た。

「仰天しました。『これはキツイなあ』と」。冗談好きで、時に下ネタで周囲から叱責される豊福だが、この話題になると伏し目がちになり、低い声を一層低めて語る。「いちばんびっくりしたのは、警察は名誉毀損では現行犯逮捕せえへんねやなと。それは教科書には載ってないですからね」。その上でそこに朝鮮人が被害者であった特殊性を指摘する。「『普通の学校』やったらすぐに中止命令出して逮捕してますわ。朝鮮学校やから(デモ参加者を)泳がせて、好き放題にやらせたんやと思います。相手がこと朝鮮人だったら、あれだけのことをやられても警察は放置する。ぼくの認識が甘かった。申し訳ない気持ちでいっぱいでね。今でもぼんやりした時にね、タイムマシンであの時に戻れたならどんな手立てができたやろかって、ふと考えてる自分がいますね」

メーリングリストを通じて出来事を知ったのは、後に弁護団事務局長となる冨増四季《とみますしき》だった。「動画を最初に観て、なんなんだこれはと、言葉にできなかったですね。『これはやんなきゃ』と」。高校二年から学部卒業までを米国で過ごし、黒人解放運動について学んだ彼が弁護士を志したのは「語学を活かして、マイノリティの人権問題をやりたいと思った」からだった。「足場のある京都で、被害者はマイノリティで、しかもここまで重大な人権問題でしょ。自分はこの事件をやるために弁護士になったんだと思いましたね」。ここに、まさにこの月に弁護士登録したばかりの朝鮮学校出身者、康仙華《カンソナ》が加わり、弁護団の中核が形成されていった。最終的には弁護団は一〇〇人に達した。

弁護士五人が最初に集まった時の光景を金秀煥は語る。「豊福先生がね、『いっやあ〜、ほんまに寝つきが悪い。こんな腹の立つことがあったら仕事なんかやってられん！』ってものすごく怒っててね。ああ、この人たちは『可哀そうな朝鮮人を助けてあげる』じゃなくて、自分の問題として捉えてるんだなと。ぼくはこの時、『いける』って思ったんです」

懸念は財政、とりわけ弁護士たちへの謝礼だった。そもそも朝鮮学校の教職員の給与は少なく、それも遅配がつきものなほど財政状態は悪い。後に民事訴訟に踏み切る時、金尚均と二人で各弁護士に電話をした。「江頭先生に電話して『報酬の件なんですけど、遅れても必ず……』って言ったら、言葉を遮られて『何の話ですか？　忙しいんでくだらないことだったら切りますね』ってブチッと。そこに甘えるわけじゃないけど、あの気持ちが本当にうれしかったです。尚均さんは『何も切ることないやないかっ！』って怒ってましたけどね」

話がこの段に及ぶと金秀煥の表情に笑みが浮かぶ。自分の恥として集ってきた弁護士と、寄せられる支援の声――。金秀煥の回復への歩みがこの時に始まっていたのだ。少なくとも事件直後の金に「日本人はこんな人間ばかりではない」との言葉は届かなかった。むしろそれは「語り手である日本人が自分と在特会との間に線を引き、高みの見物を決め込みたいだけの戯言」にしか聞こえなかったはずだ。金秀煥が激情のままに綴った先のメールはなぜか回り回って襲撃に連なる者たちの手に渡り、「公園奪還行動」の「戦果」として喧伝された。「朝鮮人をこれほど苦しめた」ことの証拠としてサイバースペースを行き交ったのである。これ自体、二次被害の見本だが、その痛みを分かち持てる人たちとの出会いを重ねた今では、「こんなことに囚われてはいられない」と思える。今でも事件を話せば声に詰まるが、そこには「あの頃」とは違ったもう一つの理由があるという。「『ウリだけじゃない』という気持ちです。遠藤さんや豊福さんをはじめとした弁護士の方々、支援に集まってくれる日本の人たち。事態が反転し始めた時の感動とその後の体験が蘇ってくるんです」

司法への不信

だが告訴はすんなりとは決まらなかった。

弁護士たちが聴き取りと現地視察をした二日後の一二月一六日、第一回の対策委員会が開かれた。保護者会、学校、朝鮮総連の代表者十数人が学校一階の図書室に集まった。会議が始まり、四つの対策方針案が示された。

一．子どもの身辺の安全と感情の安定

二．法的措置

三．国連への働きかけ

四．警察への警備態勢要請と世論喚起

方針に沿って具体的に何を進めるか？　通学路や学校周辺での見守りや近隣への要請活動はすでに翌日から取り組まれていた。警察への警備要請は犯行予告の段階でやっていたし、事件後は何もしなかったことにも厳重抗議していた。世論喚起もこの段階ですでに、複数の市民集会に朴貞任たちが赴き、アピールもしていた。この上何をすればいいのか？　方向性が見えないまま、ひたすら駆け回ってきたオモニたちの間にはいらだちも募っていた。

「国連への働きかけ」の方針に、あるオモニが口火を切った。

「今までもせんぞやったじゃないですか。でも国連に訴えても何になるんですか？　これまでやってきて実際にどうなりましたか？　子どもを守れるんですか？」

「それは勧告書を出してもらってから……」

「いや、それが具体的に勧告されて何の効力があるんですか？　止められるんですか？」

事件から一二日目、とりわけ翌日から送迎や見守りに奔走していたオモニたちには疲れもいらだちも募っていた。

「何か具体的な対策はないんですか？」。あるオモニが呼びかけると、金尚均が口を開いた。

「刑事告訴しましょう。これは単なるデモじゃない。犯罪行為です。告訴できます」

朴貞任は言う。「みんな一瞬、ポカーンという感じでしたね」

――もちろん刑事告訴の意味が分からないのではない。マジョリティにとって法的応戦は常識的な対処と言える。だが、在日朝鮮人にとってそれは、あまりに突飛な手法なのだ。驚き、敢えて言うならば「呆れた」のである。

それだけの理由はある。一つは司法への不信感だった。法は自分たちの権利を守るものではなく侵害するものだった。たとえば在日朝鮮人の一つの起源は、国際法上の常識も無視した国籍剝奪《はくだつ》による「無権利化」である。国籍を理由に、生存権を守る社会保障からも排除されてきた歴史。「例外状態」を常態的に強いられた者たちの実感だった。

そもそも第一初級がグラウンドもない学校として業務を行ってきた原因は、第二章で見たように一九四九年一〇月一日、武装警官までも動員しての陶化小学校からの追放にあった。アパートや民族団体支部に分散しつつ、時には「非合法学校」として警察に通報され、追い立てられながらようやく勧進橋のたもとに辿り着いたのだ。占領者による閉鎖令を根拠に、武装警察官とGHQが弾圧し、大阪では死者までが出た弾圧事件は、保護者にとっては自らの父母、あるいは祖父母の「生きた話」である。警察権力は自分たちを守るものではない。学校を潰しに来るものだった。

そして今の父母たちの世代がリアルタイムで経験しているのは、一九九四年六月六日、朝鮮民主主義人民共和国の核不拡散条約(NPT)脱退問題に絡んで行われた朝鮮総連京都府本部への強制捜査である。学校用地として購入した京都市伏見区と山科区にまたがる土地(現在の京都朝鮮初級学校)の取引をめぐって、国土法(当時)上、必要な届け出をしていなかったという同法違反の容疑だった。「事実」だとしても形式犯である。この程度の微罪が、機動隊を含む二八〇人態勢での大規模捜索の「理由」とされた。

この時、本部内にいたのは柴松枝である。「朝礼していたら外が騒がしくなって、出たら真っ黒の機動隊がいるわけです」。官憲は館内を四階まで軒並み捜索して、部屋にあったフロッピーやノート、大会のビラから公の機関誌『朝鮮新報』まで押収した。当時、京都歌舞団にいた朴貞任にとっても「ガサ入れ」の記憶は鮮明だ。「いきなり真っ黒い恰好をした人たちが入ってきて、目の前で巻物を縦に伸ばすように書類を見せてね。あれが捜索令状なんて当時分かんないじゃないですか。『何でこの人たちは勝手に入ってきて好き放題するの?』って。ほんと悔しかったな」

だが、強制捜査の容疑事実は事実無根だった。京都府警は京都市に手続きが適正か否かを照会し、なされていないと回答を得たというが、実際は適正な手続きがなされていた。後述するが、第一初級の襲撃事件の際も、京都府警のある幹部はこの時の「大失態」を引き合いに出して、京都市の対応に不信感を露にしていた。一九九四年の際に何があったかは不明だが、この時の國枝英郎・京都府警本部長は外事、内閣情報調査室の出身だった。「北朝鮮の核疑惑」という情勢に歪んだ「使命感」を燃えあがらせ、前傾姿勢を取っていたことは容易に想像できる。功を急ぐ気持ちが、当たり前の確認を怠らせたのか？あるいは相手が総連なら、仮に「不当捜査」であっても世論は許容すると思っていたのだろうか？

早朝からの捜索は夕刻まで続いたが、昼過ぎには現場職員の間でも、「捜査ミス」との情報が流れていたようだ。「不当捜査」の先兵にされた者たちの「士気」も下がっていた。部屋の書棚から引っぱり出した本を読みふける捜査員や、トイレ待ちを我慢できずに庭で立ち小便をして職員に叱責される機動隊員もいた。「私、もう腹が立ってね。部屋の机の上で不当捜査だって走り書きしたのを近くの朝鮮商工会で印刷してね。『何事か』と来ている近所の人たちとかメディアの人たちに配り歩いてね。そしたら警察官が『総連本部には印刷所まである！』って。その場所を特定して捜索に入ろうとする人もいてね。ほんとに呆れました」。京都府警は翌日には「ミス」を認め、京都府警は捜査終結を宣言した。「それから何日かして押収物件を返しに来ましたけど、私、それを机に叩きつけてね。『こんなのほしかったら幾らでもあげます！　何が狙いなんですかっ！』って怒鳴ってね。男性職員に『まあまあ』ってなだめられましたよ。私あれでテレビに出てね、近所の人から『柴さん、すごかったですね』って（笑）」

この失態は国会でも取り上げられ、本部長は後の異動で京都から九州管区警察局へと移った。事実上の左遷だが、それは「組織に恥をかかせた」責任をとらされたに過ぎない。結局彼は、最後まで総連への謝罪はしなかった。ちなみに当時のマスメディア各紙は京都府警の不当捜査を批判的な調子で報じた

1994 年の大規模捜索は事実無根の不当捜査だった．京都府警には関係者が抗議に押しかけた（京都市上京区の京都府警本部で，1994 年 6 月 7 日）

が、果たして現下の「朝鮮総連、朝鮮人には何をやってもいい」的空気の中で同じような不当弾圧が行われたとしたら、メディアは不当を不当と言い切れるだろうか。

同時に明らかになったのは、普段は国際交流や友好を唱えながら、警察、公安当局の言いなりに動く京都市の「習性」である。たとえば二〇〇一年八月には公安調査庁の「破壊活動防止法に基づく」市内在住の在日朝鮮人（韓国籍も含む）の外国人登録原票請求に唯々諾々と従い、わずか三カ月間で一一七人分の請求に対し八六人分の写しと一四人分の転居情報が提供されていた問題が発覚している。住所、氏名、生年月日どころか、居住歴や在留資格、職歴など住民票とはくらべものにならない夥しい個人情報の入った原票（今は廃止）を本人に何の断りもなしに、である。「国際交流」や「多文化共生」を掲げ、「外国籍住民」なる造語を全国に先駆けて発信した一方で、捜査当局や公安にひとこと言われれば「住民」たる在日朝鮮人の権利をないがしろにする。自らの保身と責任逃れが最優先の体質は、今回の襲撃事件後にも「如何なく」発揮された（この問題をめぐって京都市は朝鮮総連と韓国民団に謝罪しているが、その一方で市は、内部告発が問題化の原因と見なすかのごとき態度を取った。当局から情報提供者と目されていた職員は、後に自ら命を絶っている）。

朝鮮総連に関係する人たちは、常にその時々の政治情勢で当局に不当な狙い撃ちを受けてきた経験を共通認識としている。二〇〇六年一月一八日には、当時の漆間巌警察庁長官が「北朝鮮への圧力を担うのが警察」「北朝鮮に日本と交渉する気にさせるのが警察庁の仕事。そのためには北朝鮮の資金源について『ここまでやられるのか』と相手が思うように事件化し、実態を明らかにするのが有効だ」などと公言。警察法二条「警察の責務」に記された「不偏不党且つ公平中正を旨とし、いやしくも日本国憲法の保障する個人の権利及び自由の干渉にわたる等その権限を濫用することがあってはならない」とはおよそ真逆の政治目的むき出しの捜査、弾圧の徹底を打ち出した。『警察白書』を裏読みすれば、その一年で、警察がどんな事件を仕立てたいか（＝予算を取りたいか）が分かるように、都道府県警察は、殺人をはじめとした強行事件など「待ったなし」の事案を除けば、上からの指示（役所の方針）に従って事件を「作って」いく。一斉に「ボス」の方針に沿って動いていくのが役所の常である。

以来、薬事法違反や労働者派遣法違反などの微罪による、朝鮮総連とその関係者を狙い撃ちにした強制捜査や逮捕が勢いづいた。第一次安倍政権下で行われた二〇〇七年の滋賀初級学校への大規模捜索もその文脈にある。本稿執筆中の二〇一三年九月には、駐車違反を理由に朝鮮総連系の活動家四人が逮捕され、一〇〇人単位の機動隊員が「関係各所」を強制捜査している。「公」が朝鮮人には何をしてもいいと範を垂れているのだ。在特会メンバーらが何をしてもいいいと思っても不思議はない。

これでは官憲を信用などできないだろう。むしろ「官憲は敵」「憲法で謳われた権利は日本人のもの」的発想になっても不思議はない。事実この対策委員会の一二日前、在特会らの差別街宣を黙認したのは警察なのだ。警察、検察当局は自分たちを守るものではなく弾圧するものであり、法律とは自分たちへの攻撃を正当化する、あるいは当たり前であるはずの権利を否定する多数者側の武器だった。そしてゴミの捨て場所を間違えたといった程度の形式犯であっても、現実に大規模捜索や逮捕、起訴にまで踏み切る当局のやり口は、第一初級襲撃の「理由」にされた学校側の都市公園法違反をめぐるやり取りでも悪い意味での「ブラフ」として効果を発揮するのである。

揺れる保護者

第一初級の一〇畳ほどの図書室は十数人の大人でいっぱいだった。保護者たちを前に、金尚均が告訴罪名の説明をしていた。

「強要」「名誉毀損」「威力業務妨害」「器物損壊」、加重要件としての「組織的犯罪処罰法」。告訴の肝である名誉毀損の説明に入った時、あるオモニが遮った。

「これ以上、学校がさらしものになって、子どもを危険にさらすんじゃないの?」

襲撃者たちが「また来るからな」「これで終わったと思うなよ」と捨て台詞を残して去ってからまだ二週間も経っていない。一方では厳戒態勢が続き、子どもの安心・安全への不安はピークだった。

別の一人がそれを受けて言った。

「これまでも無年金とか行政を相手取っていろんな裁判をやってきたけど、いい結果は出てない。それをやってホンマに救われるの?」

声を出せば相手に空気の流れまでが伝わるほどの距離だった。胸の内からつかみ出された言葉がそれぞれの胸の内に秘めていた思いにぶつかり、破裂していく。

「何のために裁判を？」

「スピーカーとか物が壊されたとかじゃない。今回は名誉毀損が大きいんです」。金尚均が刑事告訴の意義を説明しようとすると、あるアボジが語気を強めた。

「そもそも公園にしても不利やないか。そもそもうちらにここで学ぶ権利があるんか！」

保護者たちは、この間溜め込んできた怒りをぶちまけていた。喪失感と怒り、不安がないまぜになった混沌を抱えながらも、家に帰ればあの場に居合わせた子どもがいる。「また来るの？」と何度も聞く子どもの前で、親である自分が動揺する姿を見せられない。それどころか互いの受けた傷の深さや不安の大きさをおもんぱかれば、夫婦の間でも話題にすることができなかったかもしれない。そんな親たちの感情が一気に噴き出したのだった。

「繰り返しますけど、あれは明白な犯罪なんです。これまで負け続けてきたけど、今回の闘いは勝てるんです。あの酷い事件をぼくたちは『酷い事件』として終わらせてはいけない。あの罵倒は一世の時代から続いてきたことなんです。一世が今までやられてきた差別、味わってきたやるせない思いに対して、『何をすんねん！』って言い返せるんだ。不謹慎な言い方をすれば、これは千載一遇のチャンス、いや、そうしないといけないんです！」

「それは分かった。けどなんで私らがその踏み台にならなアカンのん？」

「私らじゃなくてもいいんじゃないの」

「もうこれ以上関わりたくない」

黙っていた高炳棋校長をオモニが詰問した。

「学校側はどうなんですかっ？」

告訴すればさらに過激な行動を誘発するかもしれない。その際、標的になるのは学校であり、子どもだ。予告を知りながら混乱を避けようと保護者の一部にしか知らせていなかったデモが実行されたことで、学校には保護者からの抗議が相次いだ。「なぜ知らせてくれなかった」と泣きながら食ってかかるオモニもいた。自らの「良かれ」と思った判断が保護者の不安と恐怖を増大させたのである。さらなる襲撃の危険と不安を解消し、日常を取り戻すにはどうすればいいのか？　悩み続けていた校長が、喉から言葉を押し出した。

「私は……やりたいです」

泣き寝入りは嫌だった。こんなことがまかり通ることがあってはいけないとの思いだった。一方で保護者と子どもが被る負担をおもんぱかって、自ら主張することには躊躇していたのだ。

すると、反対する保護者から即座に否定的意見が返ってくる。

「告訴いうても俺らが在特会と向き合って闘うことになるんやろ、結局」

「子どもを危険にさらしたくない」

「そんなに安心とか安全が大事やったら、日本の学校に行ったらええやんか」

「それ言うたら終わりやろ！」

怒鳴り合う保護者たち。何人かは涙を浮かべながら声を発していた。

オモニの一人は振り返る。「私、『もうこれ以上やめて』って思ってました。『今やらんでどうするねん』っていうのはもちろん分かりました。私ら何も悪いことはしていないけど、刺激して何されるか分からないのも不安だったし、もう引きずりたくなかった。早く忘れて日常に戻りたかったんですよね。ほんとは忘れられないんだけど、それでもね……」

飛び交う怒声の只中には金秀煥もいた。「街宣でハッキョが潰されるという保護者は何人かいましたけど、そもそも『あり得ない弾圧の数々』がハッキョの歴史でしょ。それをしのいで今に至るわけで、ぼくは街宣でハッキョが潰されるなんて全く心配してなかったけど、対応をめぐる保護者間の意見の対立とぶつかり合いは本当に激しかった。もしかするとハッキョは残って、保護者たちは分裂するかもしれないと心配になりましたね」

対策委員会は一時間を軽く超えていた。言葉の矛先は、刑事告訴を提起した金尚均に集中していった。「せやけどそれで子どもを守れるんか？　国連行ったりしてきて結局これやないか。闘う言うていったい、何をもって闘うんや？」

「学ぶ権利、生きる権利、ここで生活する権利ですよ！」

その金の返事に怒気を含んだ声が被さった。

「『権利』っていったい何よ？　そもそも私らにここにいる権利なんてないんじゃないの？」「そもそも私らに人権なんてないやないか！」

これは二〇〇九年の発言である。大韓帝国が併合された一九一〇年、あるいは事実上の植民地化がなされた一九〇五年からいったい何年経ったのだろうか。植民地支配に起因して日本で暮らすことになった朝鮮人たちの中心が三世となり、四世、五世が学校に通う段階で、他でもない在日朝鮮人に自らの権利を否定するような言葉を語らせているのが日本の現状である。

アボジ、オモニの大半は一九六〇年代から七〇年代に生まれている。幼少期には指紋押捺制度もあったし、「ガイトウ（外国人登録証明書）」を携帯していないことが分かれば、警察官から執拗な職務質問を受けるばかりか、時には交番や警察署に連れて行かれ「犯罪者」として尋問された。公務員への就職も大幅に制限されていたし、司法試験に受かっても七〇年代後半まで弁護士にすらなれなかった。

官が露骨な差別を煽動していたのだ。世間一般の民族差別は野放しだった。いわゆる「一流大学」を卒業しても一部上場企業への就職など考えられなかった。不動産屋店頭に貼り出された物件に「外人不可」「要住民票」の条件があるのも普通だったし、結婚差別など掃いて捨てるほどあった。その後、夥しい逮捕、起訴者、再入国不許可の攻撃を受けながらの闘いを経て指紋押捺は廃止され、弁護士登録も可能になり、地方公務員の就職可能職種も広がり、民間の職業差別も大幅に改善されてきた。通学定期や各種体育大会への参加、大学受験資格など朝鮮学校への差別も次々と是正されていった。

もちろん差別がなくなったわけではない。時に露骨かつ自然に発せられるマジョリティの差別言動にさらされながら、それでもこの社会に生きる一人として踏んばり、未だ変わらぬこの社会の絶望的な地金を意識しつつ、しかし「前向き」な動きを見つけ、この日本社会で生きる根拠を積み重ねてきたのが彼、彼女らの歩みだった。数々の犠牲を払うことで、少しは改善されたと思っていたこの社会への認識、ある種の安堵感があの街宣で破壊され、思い出したくもない出来事の数々に引き戻されたのだ。自らの幼少期どころか、父母や祖父母から聞かされた時代に。ヘイトクライムは、この社会に生きる根拠をも根こそぎにしようとしていたのだった。

覚悟と決断

「権利なんかないんとちゃうんか！」。この一言に金尚均が反論した。

「ぼくらにも権利はあるんですよ！　生きる権利も、学ぶ権利も、ここにいる権利も。それを守るために先人たちは闘ってきたんだ。だからこそぼくらはここでやるんですよ。法に訴えて、ここで法的な責任を取ってもらわないとぼくらはやられっぱなしになってしまう。この第一《チェイル》だけじゃない。第二《チェイ》も第三《チェサム》もやられてしまう。ここでみんなが納得して闘って、ここだけでなくこれからの民族教育の権利が保障されて、子どもたちの権利が保障されて、二度と危害が加えられんようにぼくらが防波堤になるしかないんです。やりましょうよ」

　これまでの人生を総動員して金尚均は訴えた。「これなんとかならへんの？」。大音響の中で何度も聞かれた金にとってそれは、自らの来歴とこれからがかかった場面だった。金から遠藤の意見を聞き、すでに「告訴すべし」で腹を決めていたアボジ会会長の李基敦《リキドン》（一九六四年生）が言った。

「民族教育の歴史は闘争の歴史や。四《サ》・二四《イーサ》（阪神教育闘争）をはじめとして、先人たちが闘って、勝ち取ってきたなかで自分たちが享受してる権利もある。俺ら当たり前みたいに思ってるかもしれへんけど、今回の事件で現状が見えた。（表面的には）見えへんかもしれんけど、見てこんかっただけや。今も昔も本質は変わらへん。今やらんともっと酷くなる。俺らには人権もないんか？　権利もないんか？　俺らに残るのは『誇り』だけやろ！　だから名誉毀損を勝ち取らなアカンのや！」

　大荒れになった会議は最終的に、「刑事告訴」でまとまった。二時間が経っていた。最初は反対していたオモニの一人は言う。「私ら馴らされてる部分があるんですよね。『もう我慢したらええ、ことを荒立てんかったらええ』って。でもほんとはそうじゃないんだってね。ずっと続いてきた差別に対してどこかで覚悟を決めて闘わないといけないって。そうじゃないと子どもに未来を残せないって。あの時にそれをね、改めて教えてもらった」

激論が交わされた会議が終わり、保護者たちが三々五々学校を引き揚げていった。朴貞任は自転車に乗ろうとする金尚均に声をかけた。

「お疲れさまでしたぁ」

ついさっきまで、時に涙を浮かべて語り続けていた金尚均が口ごもった。続いたのは意外な言葉だった。

「ほんまにこれからが大変やから……ぼく、ほんまにやっていけんのかなぁ。ものすごく不安やねん。この学校動かすのはアボジよりオモニやと思う、だから一緒にがんばってほしい。オモニをまとめてほしい。でもこうやったことがおうてる(正しい)んかなあ」――

「思わず『もぉ〜、やろぅやぁ〜』って私が肩叩いて励まして、握手して別れましたね。会議では意気軒昂だったけど、やっぱりずっと迷ってたんだと思います。この間、レジメ一枚に至るまで彼が関わって動き回ってましたから。ほんまにしんどかったんだと思います。ある意味でみんなを巻き込んで背負ってるしんどさは、それだけ重たいだろうから」

襲撃予告の段階から自らのネットワークを駆使して弁護士への相談を重ね、自らあの場に臨み、事件後も法的応戦への準備を進めてきた金尚均。まっすぐに法的措置へと事態を牽引していったかにも見えるが、その胸中には二人の自分がいた。この日、保護者から噴出した言葉の数々は、彼の胸中で繰り返された対話でもあった。

『「いい子チャン」のぼくと『困ったチャン』のぼくが同居してて、困ったチャンのぼくが言うわけです。『今までずっと黙ってきたんやから、今回も黙ってても死なんやろ』って。すーっとそういう考えがよぎるんですね。やっぱり黙っておくこともできたわけですよ。その意味では、『しょせん自分ら朝鮮人やから』って諦めることもあったかもしれない。でもそれやってもうたらぼく、もう恐らく子どもをウリハッキョ辞めさせてたんと違うかなあ。『こんな危ない所』っていうふうにね、すべての発想が変わってたんと違うかな。その時にいい子チャンのぼくが、『やっぱりアカン』って思ったんですね。これを逃げるっていうことは、昔ね、出自とか本名を隠していた頃の自分にまた逆戻りすることになる。あの街宣で昔差別を受けた経験に逆戻りさせられて、そのうえ自分の意識までも逆戻りさせられてしまう。それはやっぱりね、耐えられへんかったんですね。『しょせん俺ら朝鮮人やし』と、『ここは日本やし』あるいは『俺ら日本で生きてるんやし』という二つのキータームがすっぽりとはまると、もう何もしないしできないですよ。ハッキョのトイレの前で、そのキータームが自分の中を一瞬よぎりましたけど……あれは怖かったなあ。ぼくがそう思うんだから、同じような境遇で生きてきた人たちだったらそう思うかもしれない。だから法的応戦について金志成先生たちが納得してくれたのは嬉しかった。『しょせん朝鮮人やし』って、そういうふうに一瞬でも思った自分に反省しましたし、こういう問題はきちんと解決していかなアカンというふうに思ってくださったのは感謝してますね」

あの日、第一初級にいた滋賀朝鮮初級学校の鄭想根も後に法的応戦の話を聞いた時には、「そんなことして大丈夫か？　止めたほうがいいんじゃないか」と思ったという。「二〇代の頃は私も、朝鮮学校の教育権や処遇改善を司法の場で訴えるべきだと思ってたんですけど、いつの間にか変わっていた。どんな裁判をやっても最後は権力に負ける。時間取られて、お金も取られて、最高裁にいって権力に負けるんだっていうのが染みついた。最近でいえば在日障がい者、高齢者の無年金訴訟もそうです。裁判所は我々に対する『差別』にお墨付きを与えてしまうわけですよ。それを繰り返しているうちに司法への不信感に凝り固まってしまうわけです」

それならば白黒をはっきりつけず、相対して話し合いのできる地元の行政を相手にして、その裁量範囲内で「結果」を得ている方が得策となる。学校にしても、子どもはそこにいて、日々成長していく。ならば時間がかかり、リスクの大きい手段は取りにくい。いわば慣例で続いていた第一初級の公園使用もその発想が一つの根底にあったのかもしれない。

でもその後、鄭は認識を改めたという。「経緯を観てきてね、今は自分を時代錯誤だったと反省してますよ。法的に闘うべきだし、それを踏み切った京都の皆さんの勇気を本当に尊敬しています」。朝鮮学校を在日同胞だけでない地域の「場」と位置づけ、地元住民やブラジル人学校にもブースを設けたお祭り「ウリハッキョマダン」を毎年開催している「革新派」の鄭ですら、当初はこういう認識だった。歴史的に、十分な根拠をもって刷り込まれた「やっても無理」という諦め、やれば子どもが危険にさらされるという不安。これらを突破した保護者たちの「覚悟と決断」はいかほどだっただろう。

第一歩

週末、弁護士たちは江頭の所属事務所にモニターを持ち込み、突貫工事で告訴状を作成。週明けの二〇〇九年一二月二一日午前九時、京都府警南署に告訴状を提出した。学園理事長と校長、保護者、弁護士の代表計九人で署に赴くと、別棟四階の武道場に通された。長方形の武道場の片隅に壁と並行に長机が三列に並べてあり、壁を背にした警備課の署員二人を前にして九人が二列に分かれて座った。

「保護者への説明もせねばならないので、何とか今日中に告訴の受理をお願いしたい。私は一日中でも待っている」。のっけから遠藤が喧嘩腰ともいえる強い口調で釘を刺して、やり取りが始まった。対応した警備課の署員は「器物損壊については、犯罪成立は明らか」としながらも、「他の犯罪は決裁が必要」と、この日の受け取りを渋った。だが「犯罪成立は明らか」とする器物損壊での現行犯逮捕もせず、警察は一時間に亘って彼らに好き放題させたのである。その対応についてただすと、「予想外に来られてうまく対応できなかった」などと弁明した。

三〇分ほどのやり取りだった。豊福には今も忘れられない光景がある。

「先生と生徒みたいな位置関係でぼくらと警察が対峙してたんですけど、彼らの背後の高い場所にでっかい日の丸があってね、その傍の壁に『国民を守る』って標語が据え付けてあるわけですよ。『国民』なんですね。あれだけのことが行われても現行犯逮捕せずに放置した一二月四日の対応が浮かんできてね、なんか『ああ、これなんや』って思いましたね」

それ以上に豊福が憶えているのは遠藤の「強硬姿勢」だった。通常、刑事告訴は「一回、お預かりします。検討させてください」と受け取り、受理できると判断すれば数日後から一週間後くらいに書面の誤字脱字や不備を直せと指摘してくるのが常だ。しかも立件が煩雑で、検察が嫌がる名誉毀損である。だが遠藤はその「常識」に挑んでいた。「『受理しないと帰らない!』と言い張ってましたね」（豊福）

午後三時、府警本部と協議した結果、「受け付ける」との方針を伝えてきた。そこからも手間だった。突貫工事で作成した書面の誤字脱字や、押印、何をもって名誉毀損というのかの確認……いくつもの指摘への対応で、金尚均はこの日計四度、学校と南署を往復させられた。受理された時、外はすでに真っ暗だった。実は同じ日、在特会側も学校を都市公園法違反で刑事告発していた。

遠藤は言う。「この日に受理させることは外せない一歩だった。受け取れば警察としてもこれ以上、事態を酷くさせるわけにはいかない。時間との闘いに持ち込まれるのは目に見えていたから、ぼくも握り飯を持って行って、『今日は受け取るまで帰りません』って言ってね」

とはいえ警察レベルでいえば事案は当時、当局の監視対象たる朝鮮総連が所管する朝鮮学校に対して、民間の「極右勢力」が何かしらの主張を掲げて過激なデモをしかけたと見なされていた。もちろん当日にあの蛮行を看過し、現行犯逮捕しなかった警察の不作為は国賠訴訟の対象といっても過言ではないが、あくまで「警察の常識」でいえば当日の告訴状受理はなかっただろう。

それを捻じ込んだのは提出者の気迫ゆえだった。刑事告訴を受け付けさせて、子どもを守り、襲撃者たちに刑事責任をとらせる――。突出した強硬姿勢で臨んだ遠藤の動力源は、「あの時、いなかった」ことへの悔恨や「軽く考えていた」自分への怒りだけではなかった。遠藤にとって、同時代に噴き出してきたレイシズムとの闘いは、韓国で出会った元「従軍慰安婦」のハルモニからの問いかけへの応答に直結していた。

事件の数年前、彼が所属していた市民劇団「劇団水曜日」の公演で子どもと一緒に訪韓した。

「普通は人並みの暮らしを奪われたハルモニの孤独をおもんぱかって子どもは連れて行かないらしいんですけど、私はそこまで気が回らなくて。で、うちの子が韓国語を勉強しているのを知ったハルモニが喜んでね。お小遣いをくれたんですよ。自室に呼んで日本人に付けられた傷跡を見せてくれて、ほんっとに心配そうな顔で私に言ったんです。『あなたね、これ（「性奴隷制度」への謝罪と補償）をちゃんとやらないと、あなたの子どもたちの世界が大変なことになるよ』って。ぼくにはそれが歴史的な責任を果たさず、むしろ彼女たちをさらに罵る言葉が横行するような社会が、子どもを育て、その子どもたちがまた結婚して子どもを産み育てるに足る、もっといえば人間が生きるに値する社会であり得るのか？という問いかけに聞こえた。あの事件はまさにそこに通じていた。あの言葉に応えたかった」

そして遠藤にはもう一つの切実な動機づけがあった。特別高等警察（特高）の内鮮担当第一号を祖父に持ち、警察一家に生まれたことを原罪とする遠藤にとって、襲撃者たちの言動は、特高 - 公安警察のラインとつながっていた。それは自身の「内なる敵」との対決を意味していたという。

「金尚均さんが持ってきたビデオを観た時、彼らの罵詈雑言に心の底から怒っていないぼくがいたんです。彼らの言葉は独自の調査や研究に基づくものではなく、どこかから借りてきたもの。もっと言えばメディアを通じて世間一般が持っている朝鮮学校への差別と偏見ですよね。それをあんなふうに戯画化したことで、ぼくが無意識で彼らの主張を肯定している部分があることに気づかされたんです。あんなに汚い言葉ではないけど、ほんとに恥ずかしかった。だって『スパイ養成機関』の言葉に、命の奥から怒れなかったんですから。あの言葉は一二月四日の核心部分ですよ。あの在特会と自分に被さっている部分があったんですね。特高と公安と在特会、通底する発想は変わりません。だから彼らを許したら俺もこの社会の一員になってしまう。それは絶対に許せなかったんです」

紆余曲折を経ての刑事告訴が受理された。だがマグマのように溜め込まれたこの社会の他者への憎悪は、至る所から噴き出してきた。あの時期の「彼ら」は法的措置をも一切無視した行動に出る。

5　止まらぬ街宣

午後六時過ぎ、すでに陽は落ちていた。足元からせり上がってくる寒さのなかを、朴貞任は京都会館（京都市左京区）へ向かっていた。路上には数人一組になった青年たちがあちこちに立ち、会館に向かう人々に張りのある声で挨拶している。互いを確認する行為は一方で、妨害、あるいは「偵察」にきた在特会関係者らを識別する作業でもあった。

この日、刑事告訴翌日の二〇〇九年一二月二二日、排外主義への「否」を掲げた事件後初の市民集会「朝鮮学校への攻撃を許さない緊急集会」が開かれた。朴は、高炳棋校長や、李基敦・アボジ会会長、そしてオモニ会メンバーらに続いて檀上からのアピールを求められていた。

そこには第一初級の全教職員はもちろん、子どもを通わせる多数のオモニやアボジが、しかもそのうちの何人かは子どもを連れて参加するつもりだった。だが、この日にもカメラを手にした在特会関係者が学校周辺に現れた。学校側は地元警察署に通報し、在特会関係者は駆けつけた多数の警察官に取り囲まれてその場を去ったが、緊急の連絡網でこの出来事が伝わると、保護者の間で「集会にも在特会が来るかもしれない」との動揺が広がった。「もし子どもを連れて行き、あのデモに遭遇してしまったら……」。そんな不安から少なからぬ保護者が出席を取りやめた。

襲撃事件を受けた最初の抗議集会(京都市左京区の京都会館〔当時〕で，2009年12月22日)

「少しの刺激にも過敏になっていました。誰もが不審者だと考えざるを得ない。風が吹いても傷がうずく状態だったことを、いまさらながらに実感しましたね」。当時を振り返って朴は語る。

集会には六〇〇人が参加した。通路まで人で埋まったホールの檀上から朴は「無抵抗の子どもを狙った攻撃は許せない。振り上げた拳はさらに高く掲げますが、子どもたちは人に優しい人に育てたい」と訴えた。渾身のアピールをした朴自身、赤色灯を回した警察車両が会館を取り巻く風景を見た時は、気持ちが萎《な》えそうになったという。「この中に入って行かなアカンねやって。もうそこまで事態が進んでしまったんやって」

もうそっとしておいてほしい。そんな思いも抱えつつも踏み切った刑事告訴。そこには、ここで攻撃を食い止めたいとの切なる願いがあった。混乱の中で迎えた二〇〇九年末、朴は、一年を締めくくる、オモニたち宛てのチラシをつくった。就任時からの高速道路延伸問題と、公園使用をめぐる近隣との摩擦、そして在特会らの襲撃……。学校が襲われたことへの名状しがたい怒りと不安を抱えつつ、あえて「怒りの連鎖」を断ち切り、法的措置に今後を託すことを選んだ。そんな自分自身、そして自分たちの「覚悟と決断」をいま一度、全員で確認するような呼びかけ文だった。その文章は以下のように結ばれていた。


心を一つにして私たちの子供達、学校を守りましょう！

この地でチョソンサラムとして尊い心と強い意志と身体を持った子供達を育てたいと思います。和と輪をひろげここで私達を見守ってくれる大きな力に感謝し沢山の思いの中で子供を育てましょう。

私達オンマの言葉で子供達に今を、しっかりお話しましょう。

私もどんな小さな声も勇気と知恵に変えてがんばります。

来年、元気な姿で会いましょう。　長々　ミアナンミダ

第二の街宣予告

平穏な日常を取り戻したい。祈るようなその思いは、しかし、正月明け早々に冷水を浴びせかけられる。二〇一〇年一月七日、在特会らは二回目の街宣をウェブ上に予告したのだった。「一月か二月」に次の街宣をすると予告はしていたが、それが具体的現実となって迫ったのだ。「あの日」が誕生日だった女児の母、裵貴子は子どもから幾度も捜査の行方を尋ねられていた。「一日何回も『なあ、もう捕まったん？』と聞かれるんですよ。『逮捕されたで』『もう大丈夫やで』って言わんとしゃーないでしょ(笑)。そう聞いた時は安心するんですけどね」

「少数精鋭」だった前回とは違い、今度は事前にネット上で日時を告知し、賛同者の参加を広く呼び

かけていた。第一初級の子どもたちがグラウンドに使っていた勧進橋公園を起点に、学校周辺を練り歩くコースである。この頃、第一次過激化のピークにあった彼らは、刑事告訴などおかまいなしに街宣をしかけてきた。衝撃だったのは、警察があの事態と直後の学校側による厳重抗議にもかかわらず、学校周囲でのデモをすんなり許可していたことだ。前回同様、平日の昼間に、学校真横の公園で拡声器を使ってのデモを認めたのである。

褒は言う。「学校で聞いたみたいで子どもに次の街宣予告がばれてもうて、もう大変でした。泣いてね。『捕まってへんやんかぁ〜!』『嘘つかんといてぇやぁ〜』ってもう大激怒でした(笑)」。笑みを絶やさず、柔和な空気を醸し出す褒だが、事件翌日から始まった学校周辺や通学路での見回りには最初に手を挙げ、朝一番に駆けつけた。それくらいに追い詰められていたのだ。そこに再びの街宣予告である。「告知」があればまだいい。ヘイトデモに煽られた人間が個別に何か凶行をしでかさないとも限らない。

「いまでもやっぱり『北朝鮮』の情報がメディアで流れると、明日学校行かすのも正直、嫌やし、時間通りに帰ってきいひんかったら『なんかあったんやろか』って不安になるけど、結局、寄り合いもっても根本的な解決はないでしょ。つくづくやり方が陰険ですよね。私らの時にも差別はあったけど、今は大人が寄ってたかって子どもに向けてですから。まあ慣れてもらわんと、強くなってもらわんとしゃあないと思うんですけど。でもね、なんでそんなに余計なこと、抱え込まなアカンねやろってね」

「慣れてもらわんと、強くなってもらわんとしゃあない」。いったいどれほどの無念とやるせなさを呑みこんで、彼女はこのひとことを口にしたのだろう。子どもの柔らかい内面をゆったりとした時空の中で育みたいからこそ、多数者に対して自らがここにいる根拠や、違いを説明する必要がない朝鮮学校という環境を子どもに与えたのだろうから。

一連の事件の後、学校行事で一般参加者が大勢来校した際、私は幾度か、檀上に現役児童、生徒たちが立ち、来場者にこれまでの支援への感謝を述べるとともに、事件を乗り越えて強く生きますとアピールする姿を見てきた。「礼節」は朝鮮学校の教育徳目の一つだが、大人でも心的外傷が残る事件に対して強くあろうとする子どもたちに「痛々しさ」を感じるのも事実だった。在日の中では「温室」と批判する人も少なくない朝鮮学校に通いながらも、実は「余計なこと」を身につけなければいけない。それほど、この社会は殺伐としている。ヘイトデモの被害にあった幼い子どもたちが、気持ちを強く持たねばならないほど、この社会は刺々《とげとげ》しく、悪意と無関心に満ちている。

裵へのインタビューには、裵の夫、金義広も同席していた。第一初級三年の時、野球をするため日本の小学校に転校。肩の脱臼癖で断念することにはなったが、中学、高校と、野球選手としての将来を嘱望されたスラッガーである。一方で一〇代の頃は名うての「荒馬」だった。日本の小学校に転校後まもなく、作文の宿題をハングルで書いたことで激しいいじめが始まった。「体育館の裏に呼び出されて、行ったら何十人もいて袋叩きにされたりしましたね。一時は学校ではひとことも口をきかなかったので、先生の中にもぼくは口がきけないと思ってる人もいましたよ」。多数者との力関係をひたすら腕力で覆していくうちに、「その筋」での有名人になっていた。高校時代、友人と連れ立って歩いていた繁華街で数人連れと大ゲンカとなり、傍に駐車してあったオートバイを持ち上げて投げつけたなど、規格外の暴れっぷりを示すエピソードには事欠かない。所用のある妻の裵が先に部屋を出た後で、「実力行使を考えたことはないか?」と聞くと、金はこちらの目をグッと見据えた後、語気鋭く答えた。

「何言ってるんですか! 当たり前でしょ、そりゃ」。少し呆れたような表情をして、続けた。「動画見て、吐きそうになりましたよ。何をやってもいいんですか? 『北朝鮮がどうこう』とかそんな話じゃないでしょう。人間としてどうなんですか?」

険しい顔で一気に吐き出した。褒がいた時は穏やかな空気を纏《まと》っていたのは、自分の怒りを触媒に妻が「あの時」に引き戻されることを心配してのことだろう。そして呟いた。「でも(妻の方が)実は相当怒ってましたね。あの日の怒りの吐き出しようはすごかったです」

その褒と金二人の取決めは、子どもの前で「あの時」の話は一切しないことだ。

「結局、あれが警察立ち会いのもとで強行されたわけですよ。子どもに何かあってからでは遅いわけですよ。それやったら自分の子どもくらいは自分で守ったると」

在特会らが東九条でデモをすることを知り、彼らの出発前の集会に潜り込むと、妻に告げた。「嫁さんも娘も『もう、アボジ! いらんことしんといてっ!』って言ってたけど、部屋に行ったら黒い上下のジャージとキャップが揃えてあった(笑)。これはホンマに頭に来てるんやなと」

一参加者として彼らの集会に紛れ込んだ。何のチェックもなかった。誰がいるのかに警戒心も払わず公園にたむろしている彼、彼女らに金は拍子抜けしたという。中心人物の真横にまで近寄ったが、一線は踏み止まった。「やはりダメだと。仮にぼくがボッコボコに彼を殴っても、確かに一時的にスッキリはするでしょうがそれだけです。根本的な解決にはならないと。何よりもこの上、ぼくが暴力事件を起こしたら娘が『あの時』に引き戻されると思って。それで『スッと』冷静になりましたけどね」

金は京都朝鮮初級学校がある醍醐の地元民だ。事件を通して彼は、以前にもまして学校の今後について考えるようになったと言う。「昔みたいに祖国統一に資するとか、統一した祖国に帰るとかで人を糾合できる時代じゃない。なぜウリハッキョが必要で、そのためにはどうすべきかを今一度、同胞全体で考えないといけないと思う。こと京都でできることは周囲の理解を広げていくことです。個人的には在特会に何の恐怖心もないけど、怖いのは『有事』の際ですよ。数千か数万かは分からない。でもあれ(在特会ら)を支える層がどれだけいて、どういう行動に出るだろうかと考えるわけです。ぼくらのレベルでいえば、今以上に地域にもっと開いて、理解と友好を広げる。ウリハッキョを守るにはこれしかないと思います」

避難

二度目の街宣告知を受けて、学校側ではすぐに対策会議を開いた。街宣日は一月一四日、前回同様、平日であり、時間は午後二時過ぎからの約一時間半が見込まれていた。繰り返すが、刑事告訴後にも、このようなことが企画されたのである。関係者の失望と無力感はいかほどだったか。だが落胆している暇はなかった。子どもがいるのだから。学校側の案は、午前中は授業を行い、午後は観光バスをチャーターして学外に出かけるという内容だった。校外学習案を提案した保護者会はまた紛糾した。

「俺らは何も悪いことしてないやないか」

「何で逃げるんや」

「子どもに大人が逃げる姿を見せんのか」

「これが日本の現実なんやから見せたらええやないか」

学校側の対応に対して激しい批判が飛び出し、教師が絶句する一方で反論も出た。

「子どもにあの暴言やデモを見聞きさせるべきじゃない」

「あんなことを二度と経験させたくない」

あの時の恐怖を露にしている子どもの親たちは、子どもをこれ以上、動揺させたくないと「避難」を主張し、とどまって現実を見せるべきという人々との間で平行線となった。事件後、何度も繰り返された内部での意見のぶつかり合いだった。

「私は遠足に行ってほしくなかった。ここにいてほしかった。その人たちが来るのを見ればいいし、いつも通りにすればいいと思ってた」。あるオモニは語る。彼女もまた息子に「何で朝鮮人が嫌なん?」と訊かれて答えに窮していた。「『あの人たちは日本が大好きで日本以外が好きじゃない稀にいる人』としか。だって子どもが友だちの家で動画を観て、『死んだらいい!』とか言うわけですよ。もう動画でバレてるし、大人ががんばる姿を見せればそれでいいと思ってたんですよ。もう明確な悪意を知ってしまったわけですから。もちろん私の子どもが男の子だからそう言えるというのは分かってたけど……」

当時二年生だった彼女の息子は計四時間の授業に合わせて毎日、研いだ鉛筆四本を筆箱にいれて学校に持って行っていた。事件以降、二本は異様に鋭くとがらせて、かつ使わず、ときおり手に持って歩いたりもしていた。母に問われると、息子は宣言した、「これで在特会と闘う」と。「普通の親は『やめとき』って言うのかもしれないけど、私は、『そうかぁ、よしっ、闘え!』って言ってたんです。私、本当にそれでも構わないとすら思ってたから……」。だが次の街宣が予告されると「俺やっぱり無理、怖い、闘えへん。学校行きたくない」と涙目で母に訴えた。

一方的に押しかけてくるデモから避難するいわれは微塵もない。むしろ二度に亘る「回避」が子どもたちに与える影響を懸念する声もあった。だがヘイトデモへの「耐性」には当然ながら個人差がある。見せたはいいが、その後に子どもをケアできるのか? ここに異を唱える者はいなかった。激論の末、最終的には課外授業の方向でまとまった。

翌日、保護者に配布された「一月一四日の課外授業について」と題されたチラシでは、まだ行先も決まっていない。結果的に高学年は「国立民族学博物館」（大阪府吹田市）へ、低学年は「県立琵琶湖博物館」（滋賀県草津市）に。幼稚班は第二初級で課外保育をすることになった。

「高学年にもなるとなぜ突然、校外学習に行くかが分かるわけですよね。『在特会が来るからなんですよね』とか『またですか』とか聞いてくる子もいました。『またあるけど君たちは何も悪くない』と念を押しましたけど、辛かったですね」。教務主任の金志成は語る。

全校生徒の課外活動である。想定外の支出も伴った。これをカバーするため学校側は理科や図工で使う教材のランクを下げたり、夏のキャンプでのゲームの賞品を安価なものにした。心理的被害が強調されるヘイトデモだが、経済的な損失も少なくない。

ボルテージ増す差別性

一月一四日午後、勧進橋公園には前回をはるかに上回る四〇人ほどのヘイトデモ参加者が集まっていた。この模様も、彼ら自身がアップした動画に残っている。日章旗や旭日旗が公園にはためく。「在特会」「主権会」の幟《のぼり》を手にした者もいれば、「朝鮮人よ　反日日本人よ　日本が嫌いなら脱日せよ!!」と書いたプラカードを掲げた者、なかには「七生報国」と書いた日の丸の鉢巻を巻いている者もいる。

動員された警察官一〇〇人が学校周辺とデモ参加者の周囲に配置され、それを大きく取り巻く形で学校関係者やデモに反対する市民らが集まっていた。二重の円の中にいた茶色の上着を着た男性が叫ぶ。「朝鮮人ども、お前らがこの公園のベンチどけたから弁当食えんやないか！」。実際には学校がベンチを撤去した事実はない。鴨川土手からデモを見下ろしている青年を見つけると、白いコートを来たサングラスの女性が拡声器を手に、警官を引き連れながら土手へと小走りに近づいて青年たちを挑発する。

「ちんちんついてるんやったら来なさいよ。へたれ！」。まだ開始時刻前である。「マイクを使うな」と注意する警察官に対し女性は「使うわっ！　誰に言うてんねんあんたら！　日本人やろっ！」と毒づく。

「朝鮮学校による侵略を許さないぞ！　京都デモ」が始まった。次々と差別デモ参加者にマイクが回る。「スパイは出て行け！」「我々は容赦しない！」「これはね、戦争なんですよね」「日本人をなめるな朝鮮人！」――。アジテーションは断片的で、かつ空疎だった。学校と地元と京都市の三者合意で使ってきた公園使用を「五〇年あまりの不法占拠」と決めつけ、悪罵の限りを尽くす。用意された横断幕には「朝鮮学校の公園占拠を許すな！　不法占拠を『学校襲撃』にすり替える朝鮮人の下劣　差別迫害されている朝鮮人は本国へ帰れ！」と書かれていた。だが、その集会の内実は、冒頭からまさに「差別街宣を『不法占拠への抗議』にすり替えるレイシストの下劣」以外の何ものでもなかった。集会を終えた彼らは公園を出て、横断幕を先頭に学校の周りを行進し、朝鮮人が集住する東九条地域をデモしていく。

「不逞な朝鮮人を日本から叩き出せ」「日本の子どもたちの笑い顔を奪った卑劣、凶悪な朝鮮学校を我々日本人は決して許さないぞ」「戦後この朝鮮人は治安が整っていない時期に、なめたことに旧日本軍の陸海軍の飛行服を身に付け、土地の不法侵奪、金品略奪、強姦、銀行襲撃、殺戮、警察襲撃など暴れまくったんです」「自分の土地として勝手に登記し、現在に至っている」「朝鮮人を保健所で処分しろ」「あんたら朝鮮で死んだらいいねや、死ね」「（朝鮮学校の教師は）北朝鮮の最も優れた工作員」――

泥酔者の群が吐瀉物を吐き散らしながら行進したとしても、この醜悪さの足元にも及ばないだろう。下劣を競うかのように、およそ人間性のかけらもない発言が続く。しかも「護衛役」の機動隊を引き連れてのデモ行進は、実人数の約四〇人をはるかに上回る一〇〇人以上の大規模デモに見えてしまう。「初回は衝撃だったけど、二回目、三回目は恐怖だった」と、金尚均は振り返る。何より脅威だったのは、右肩上がりで増えていくフォロワーと、サイバースペースを飛び出したデモ参加者が数倍になった事実だった。自らの「正義」に陶酔し、人を傷つけ、蔑むことに心底からの快楽を覚える者たちの裾野は広がっていた。「在特会的なるもの」はここまで日本社会の隅々にまで浸透していたのである。

第一初級を狙った一連の差別街宣をめぐっては、後に現行刑法でも四人に有罪判決が出た初回、一二月四日の街宣の暴力性と衝撃性に目が行きがちだが、発言の下劣さと差別性は、回を重ねるごとにそのボルテージを増している。言動、特に文言に関して「過激化」という枕が付いて「ヘイトスピーチ」がメディアで取り上げられるようになったのは二〇一三年二月以降のことだが、罵詈雑言のメニューは、実際には大半がこの頃登場していると言っていい。そもそも語彙が乏しく、古臭いのだ。

2度目のヘイトデモで学校横を行進する参加者たち．初回に続き，平日の昼間に強行された(2010年1月14日)

怒号が浴びせられる学校内にいたのは教務主任の金志成と高炳棋校長だった。警察官に脇を固められながら差別用語を絶叫し、目を輝かせてデモ行進する人々。ある意味でシュールな光景を見ながら金は思った。「やっぱりこんな光景を見せなくてよかった。教育現場でこんなことはあり得ない」

この日、学校は二限目から特定関係者以外の立ち入りを禁じていた。子どもたちは早々と校外学習に出発。教師も二人を除いて引率に出た。デモ出発は午後三時だった。学校側は、四時には終了していると見込み、警察官の撤収も見越して午後四時半頃の帰校を予定していた。だが、自らの吐き散らす憎悪の腐臭に酔いしれるように興奮の度を高めるデモ隊は、終点に達しても、四時になっても解散しなかった。

金は各教師に連絡し、校長の指示があるまでバス内で待機するように指示した。一方でデモ参加者は周辺にたむろした。仲間が（彼らを監視していた青年のヤジで）侮辱されたなどと息巻いてみせたり、学校正門前で「青リボン」の配布と拉致問題に関する署名活動をすると主張したり、何かと理由を付けて彼らは現場周辺に留まった。解散命令や警告を出す警察に対しても「あんたら日本人か！」「チャカ（拳銃）貸せ。おのれらにチャカ持つ資格ないんじゃ！」などの怒号が飛び、日章旗や幟、プラカードを手に、機動隊の阻止線を突破しようとするデモ参加者と警官の間でいくつもの小競り合いが起きた。

ハラスメント効果は絶大だった。「まるで学校のせいでこんな事態が起きているような空気でした」と高校長は言う。初回の街宣に続いて、「挑発に乗らない、対応しない」との方針を堅持し、高校長と金は無用な接触を避けて校外にもほとんど出なかった。だが終了地点に達しても終わらぬデモ、そしてヘイトデモに対してはあまりにも甘い警察の対応に、デモを監視していた若者たちのいらだちは募る。拡声器で毒づかれた若者が反対にヤジを飛ばして口論になる。学校二階の踊り場に陣取った若者と路上を徘徊する在特会メンバーらとの間でも怒鳴り合いが起きた。

朴貞任は言う。「在特会が警察に囲まれているのか、学校側が何か悪いことをしていて警察に包囲されているのか分からない光景だった。公園使用をめぐるトラブルを乗り越えて、これからは地元の人から白い目で見られるような事態だけは避けようとオモニたちで確認していたのに……」。機動隊に囲まれたなかで、朴は泣きながら何度も叫んでいた。「もういい加減にしてっ！　もうやめてっ！　もうやめてっ！……」。騒乱にかき消されていった叫びは、ヘイトデモ参加者に向けられたものだけではなかった。むしろそれは、彼らに怒鳴り返す同胞に向いていた。

近隣への波紋

ヘイトデモが解散したのは午後四時半頃だった。その後も参加者の数人は機動隊のバリケードをかわし、近くのコンビニ周辺などにたむろしていた。とてもではないが校外学習組に帰校の許可を出せる状態ではなかった。仕方なくインターチェンジ付近での待機を指示すると、教師の雰囲気から、それまで知らなかった子どもの中にも事態を察知する子が出てきた。「また来たんですかっ」「えぇ、怖い」。バスの中に波紋が広がっていった。

高校長が帰校を指示するタイミングを測りかねていた時、校門の外では朴が警察とやり合っていた。こんな物々しい光景を見せればみんなの努力が無に帰するとの思いからだった。「もう撤収してください！」「子どもが帰ってくる前に、目立たないところに移動してください！」。このままでは屈辱的な思いを堪えて、それでも子どもたちを守るためと了解した校外学習の意味がなくなってしまう。だが、その懸命の訴えに警察は聞く耳を持たなかった。朴は学校にも集合・解散場所を変えるように要請したが、当日の混乱にかき消された。

結局、バスが学校に戻ったのは午後五時過ぎだった。薄暗くなった学校の周りを赤色灯を回した警察の大型車両が取り囲み、盾を持った警察官が学校周囲の路上に配備されている。異様な光景が子どもたちの眼前に広がっていた。「課外授業にした大きな理由は、在特会だけじゃない。学校を警察官や警察車両が取り囲んでいる風景を子どもに見せたくなかったんです。穏やかに過ごせる場であるはずの学校が異常事態になっている絵を見せてしまった。もし『こんなとこに通ってるの？』って言われたら返す言葉がなかった」。高校長は言う。

とりわけ疲労の極にあったのは幼稚班の子どもたちだった。通常の下校時刻は午後二時半だが、その日の校外学習では遭遇を避けるために午後五時の下校時刻が設定された。だが、それすらも、終わらないデモと小競り合いで守れなかった。警戒で学校周辺にいた大人たちの中には幼稚班の保護者の一人、金秀煥もいた。後に私が一連の事件について訊いた時、少し困惑した表情を浮かべた後、「いつまでも被害、被害と情緒的には言ってられない。そもそも『あり得ない』ことの連続が朝鮮学校の歴史でしたから、ここから次にどうつなげていけるかが重要です」と私を諭すように語った金だが、この日、遅れに遅れて到着したバスの中から、疲れ切った自分の子どもが連れ出されてきた場面に話が至ると、突然涙を浮かべて絶句した。「子どもを守ってやれなかったなって……」

迎えの大人たちが次々とやってきた。だが、そこにあったのは、無事に帰ってきた子どもたちの笑顔ではなかった。「指定された時間に行ってもまだ、学校の周りには警察の車があって、警察官とか知らない人がいた」とあるオモニは振り返る。少なからぬ子どもたちが、この日、再び街宣があったことを察知していた。保護者たちにも、そのことはすぐにうかがい知れた。「こんなん見せてもうたら……もう、いっしょやんか……」。何人かのオモニは泣いていた。この日は近隣の市立小学校もデモを受けて下校時間を早めていた。街宣が近隣に明確な影響を与え始めていた。

この日の街宣の模様は即座に動画サイトへアップロードされ、賛同者たちの書き込みが相次いだ。その後、撮影者からは、これまで撮影した映像を「関西保守活動記録ＤＶＤコンプリートＢＯＸ」として一式一万八〇〇〇円、あるいは一枚一〇〇〇円で個別販売するとの告知までなされた。あれを動画サイトに投稿して活動をアピールするだけでなく、商品として販売していたのである。

京都弁護士会が一二月四日の差別街宣を「批判的言論として許される範囲を超え、国籍や民族による差別の煽動にあたる」などと批判した村井豊明・京都弁護士会長名の声明を公表、京都府知事や京都市長に送ったのはその五日後だった。だが、在特会らは、この声明をも不服として、二月、京都弁護士会館にも押しかける騒ぎを起こしている。

仮処分申請

いつまで続くのか――。二回目の街宣後、何人もの関係者が叫び、また、呟いた。

一二月のあの出来事の後に、二回目の街宣が許された。それが認められる社会に自分たちは生きている。しかも周囲にも悪影響が及んできた。それでなくても高速道路の延伸問題があった。年が明けても張りつめた心を弛緩させることができない日々が続く。オモニたちが「サザエさん」と自嘲する集団登下校の引率――そんな「隠語」があるほど、学校に行き、帰るという普通の行為に警戒心を持たざるを得ない場面が多いのだ――、見回り、見守りのシフトは続いた。オモニたちはまた、校門付近に椅子とストーブを置き、公園を監視した。「私もう、タイムカードつけてほしいくらいでした」と朴貞任は冗談めかして言う。本来は思い出したくもない出来事の数々は、諧謔を交えなければ語れない。彼女は当時三つかけ持っていた仕事のうち二つを辞めている。別のオモニ会役員も仕事を辞めざるを得なかった。

そんななか、三回目の街宣が予告される。三月一六日のことだった。「生きた心地がしなかった」と朴は言う。学校側は街宣禁止の仮処分申請に踏み切った。デモ禁止の仮処分は、得てして資本家が労働運動の弾圧などに使う手段だが、使えるものは何でも使うしかなかった。主導したのは豊福誠二弁護士だった。彼には忘れられないことがある。仮処分申請の資料につける写真を撮るため、豊福が学校を訪れた時は、ちょうど第一初級の卒業式だった。学校関係者から「何か子どもたちに話してほしい」と請われて、前に立った。まっすぐに豊福を見つめる子どもたちの喉元に、どんな言葉が出かかっているかは痛いほどわかった。

「ぼくは完全に趣味でこの弁護をやってます。ぼくは朝鮮人ではないけど、友人がこうなっているのは見ておれないのでやってます。京都弁護士会は一〇〇人からが応援してます。悪い人たちが早く逮捕されて、みんなが安心して学校にいけるようにやってます」

そう語りかけると、即座に生徒から質問が出た。

「いつ逮捕されんの?」

豊福にもそれは分からない。「待っとき、もうすぐやから」。それしか言えなかった。

三度目の街宣予告から三日後の一九日に学校側は仮処分を申請、その五日後の二四日、在特会らに対し学校から半径二〇〇メートル以内の街宣を禁止する処分が出た。通常は相手の言い分を聞いた上で決めるのだが、裁判所は在特会側の主張を聴取せず(無審尋)に決めた。しかも異例のスピード判断だった。

この裁判所の決定はマスメディアでも報道された。実は一連のヘイトデモに対しマスメディアはこの時まで、東京新聞と朝日新聞、京都新聞、毎日放送などの一部を除いてほとんど報道しようとしなかった。報じたマスメディアは軒並み、在特会らの攻撃を受けている。要は執拗な抗議をしてくる「うるさ型」の反発を恐れていたのである。それゆえに公的機関の決定は、マスメディア的にみれば報じる好機だった。その後もヘイトデモが続いていたにもかかわらず、マスメディアが新大久保や鶴橋のデモをようやく報じるようになるのは、二〇一三年にカウンター運動が盛り上がり、双方に逮捕者が出たり、ヘイトデモを問題視する野党国会議員が院内集会を開くようになってからだ。

仮処分決定のニュースは喜びをもって迎えられた。「初めて法律に護られた気持ちだった」と金志成は言う。その喜びはもちろんオモニたちも同様だった。「『やったあ』って。新聞記事を読み合って喜び合いました」と朴貞任は言う。だが半信半疑でもあった。そもそも刑事告訴を意に介さず、二回目の街宣を強行した彼らに、法治国家の「常識」が通じるのだろうか、と。「自分自身に『安心だ』と言い聞かせた」という金秀煥は、街宣予告を受けて申し入れに行った京都府警南署でこう言われた。「仮処分命令があるからといって街宣を不許可にしたり、接近を禁止することはできない」。懸念は現実のものとなった。

許可された街頭デモ

彼らのデモは三たび強行された。東九条の北東部に位置する北岩本公園に集合し、河原町通、烏丸通の大通り二本を順次南下しながら集住地域全体を練り歩くコースだった。

集合場所は南北に延びる須原通と河原町通に挟まれたエリアである。ここは、東九条の中でもとりわけ在日朝鮮人が多い地域だった。かつては二つの通り沿いに劣悪な木造バラックが建ち並び、その前近代的風景を一瞥するような形で、地区の北側に新幹線が東西に延びていた。国際文化観光都市の表玄関に相応しくないとの判断か、一九六四年の東京五輪や一九七〇年の大阪万国博覧会などの国際イベントで、外国人観光客の京都観光が見込まれた時代には、この区間に限って新幹線の南側が見えないように「衝立」が立っていた。かつて「京都の恥」といわんばかりに侮辱された地に、今度は聞くに堪えない罵詈雑言がまき散らされるのだった。仮処分決定の二日後、三月二八日のことだ。

「ゴキブリ、蛆虫《うじむし》、朝鮮半島へ帰れ」「悔しい、悔しい朝鮮人は、金正日の下に帰れーっ!・」。先導車に乗ったデモ指揮者のシュプレヒコールが延々と続く。何に衝き動かされてなのだろうか、まさに渾身の絶叫でほどなく声は潰れ、ある種の凄味が増していく。内容は断片的な差別用語と事実無根の誹謗中傷が大半だった。だが、その語彙の少なさ、表現の単純さは、それゆえに言葉を浴びせられる者たちの内面を折れ釘で引っ掻くように傷つけるのだ。後述するが、このような街頭デモで叫ばれた、民族や人種、性的指向などの属性を同じくする集団に向けた罵詈雑言は、日本では「表現の自由」の範囲として許容されてしまう。個人を特定していないがゆえに、より広範な人々を傷つけるにもかかわらず。

歩道では、デモを監視する若者たちが時に浴びせられた罵声に怒鳴り返しながら並走していた。裁判所が認めた半径二〇〇メートルの街宣禁止区域には朝鮮人青年たちが一列に並び、デモ隊を阻止しようと待機していた。そこに差しかかると、在特会らのデモを警護していた機動隊員たちは、強化プラスチック製の盾を前方の青年たちに一斉に向けて、前進を始めた。その場にいた金秀煥は言う。『騙《だま》されたっ』って。仮処分を破ってるのは誰なのよって。しょせん警察は、朝鮮人は護らないの？って。頭の中が真っ白になりました」。警察は、青年たちを押しのけてデモを遂行させようとしたのだった。

この日は休日だったが、幼稚班の主任（現場責任者）だった張清香《チャンチョンヒャン》（一九六〇年生）は出勤していた。年度が替わり一年上に進級してお兄さん、お姉さんになる園児たち、そして数日後に朝鮮学校生となる新入園児たちが楽しく過ごせるようにと、ピンクを基調に室内を暖色で塗り替え、砂場に散らかっていた玩具を拾い集め、整理していた。子どもたちのお迎えの準備をしている最中に、学校の北側から怒号が聞こえてきた。門の隙間から、罵られながらも学校に彼らを近づけまいとする同胞青年の姿が見えたのを張は覚えている。何か非現実的な光景だった。

デモ隊は街宣禁止区域内にも平気で侵入してきた。青年たちは必死で立ちはだかった。学校周辺は一二月、一月に続いて騒然となった。先導車内の指揮者は「威力業務妨害だ、逮捕しろ」とひたすら怒鳴り上げ、デモ参加者は「タイホ、タイホ!」のシュプレヒコールを上げる。最終的に警察はデモ隊を解散させ、参加者たちは終着地点だった勧進橋公園に入ることはできず、一月一四日のように学校周辺にたむろすることもなく引き揚げて行った。警察がデモ隊を止めたのはもちろん仮処分の効力ではない。体を張って止めようとした青年たちとデモ隊が衝突し、大乱闘騒ぎになるのを避けたのだ。責任者はその「不祥事」によって警備担当者としてのキャリアに「失点」が付くのを恐れたのだった。

機動隊は，街宣禁止区域への侵入を防ごうとする朝鮮人青年たちに盾を向けてきた．この盾はジェラルミン製(2010 年 3 月 28 日)

　仮処分すらも無視してデモは許可され、警察護衛の下で醜悪なヘイトデモがまたも繰り返された。

「しょせん警察は混乱を避けたいだけだったんだって思いましたね」

　この時の話になると金秀煥の言葉に「しょせん」の四文字が増える。デモを阻止した後、金秀煥は法的応戦を提案した金尚均に対してぼそりと言った。「ほんとに……こんな対応でいいんですかね……」。口には出せなかったが、刑法学者である金尚均も金秀煥の司法への失望を分かち持っていた。

　学校の中から事態を見つめていた金志成は、この時の衝撃と無力感を昨日のことのように思い出す。「日本の学校との交流も進み、この社会で朝鮮学校生としてがんばっていくという夢を膨ませていた子どもたちに冷水を浴びせたわけです。

積み上げてきたものが崩されたような感がありました。一回だけじゃなく、二回、三回ですよ。『これって許されるの?』『日本の社会ではこれOKなの?』って」

若者たちが立ちふさがることで二回目のように彼らが学校周辺を徘徊する事態は避けられたとはいえ、そもそもデモ禁止の仮処分がなされているのである。青年たちが公園での集会の段階からデモに並走し、二時間近くも聞くに堪えない悪罵を浴びせられ続け、それでも体を張って止めるとの覚悟に警察官が衝突の混乱を恐れた結果だった。張りつめた状態から醒めた後、頭痛や倦怠感などの変調を覚えた者もいた。罵詈雑言を浴び続けたことによる心理的、身体的ダメージである。これは、つねに受け身でスタートし、結果的には汚い言葉にさらされ続けることになる対抗デモ活動に共通する症状である。属性への執拗な攻撃、悪罵であるがゆえに、より広範な人々の内面に斬り付けるのである。

京都市東山区の円山野外音楽堂ではこの日、一二月以降のヘイトデモに抗議する市民集会「民族差別・外国人排斥に反対し、多民族共生社会をつくりだそう！集会」も開かれた。一二月二二日の集会に続く大規模な市民集会には九〇〇人もの市民が参加した。学校関係者以外の市民の間でもあのヘイトデモへの認識が広がり、「排外デモを許さない」「攻撃から朝鮮学校を守ろう」との声は広がっていた。だが、在特会らは東九条エリアでの四〇人近いデモ隊とは別に十数人の別働隊を組織、市民集会後に参加者が通過する四条河原町交差点に集結し、市民集会参加者にカウンターのヘイトデモを行った。

「北朝鮮の仲間が今日ここを通ってくる。(中略)朝鮮学校というのは、朝鮮総連が実は拉致犯人のようなスパイを仕立て上げる学校です」「朝鮮学校の子どもたちはきちんとした教育を受けてないんですよ。金正日賛美の教育を洗脳されるんです。可哀そうな子どもたちです」。京都市内最大の繁華街で誹謗中傷をまき散らし、気勢を上げる参加者たち。一一人から始まった朝鮮学校攻撃は、わずか四カ月で別働隊の活動が可能なほどに支持者を増やしていた。

この日夕刻、デモには参加していなかった在特会の会長は早速声明を出した。「不逞鮮人たちが徒党を組んでデモ隊の進路を妨害しましたが、京都府警はこれを排除あるいは逮捕するなどの正当な業務を行いませんでした。これ以上のデモ続行は極めて危険と判断した主催者側によって、解散地点の勧進橋児童公園まで到達することなくデモは途中解散することになったもようです。(中略)今回のデモの顚末《てんまつ》を受け、日本でやりたい放題の朝鮮勢力に対してこれまでとは違う断固たる対応を検討する段階に入ったと判断します」

彼らがいつものようにアップロードしたこのデモ動画のタイトルは「朝鮮総連と癒着して市民デモを危険に晒す京都府警」。これが彼らの認識だった。仮処分決定について会長は「断じて認めることはできません」とボルテージを上げた上で、「当然のことながら、法的対抗措置を取って徹底的に朝鮮学校と戦う所存です」などと表明。その上で「反日教育を推進する犯罪者の巣窟《そうくつ》、子どもの未来を奪う児童虐待を継続して行っている朝鮮学校を日本から一日も早く消滅させるため、在特会はこれからもまい進して参ります」と結んでいた。この文言を見れば、四度目の街宣も十分にあり得た。

在特会ら「行動する保守」とそのフォロワーにとって、事件は「国士」が不法占拠地を「奪還」した英雄的行為に他ならず、第一初級の公園使用は「在日特権」の象徴として、全国の「行動する保守」運動の攻撃対象だった。その学校で日々、子どもと接する教師たちの心身の負担はすでに限界に達していた。日本社会に生きる朝鮮人の子どもに言葉と文化を教え、自尊感情と同胞間のつながりを築いていくという、朝鮮学校本来の業務の遂行はつとに困難なものとなっていた。

6　疲弊する教師たち

植民地時代の一九三〇年代以降、朝鮮人を朝鮮人として育む場への弾圧は、むき出しの暴力から陰湿な兵糧攻めへと形を変えながらも今日まで一貫して続いてきた。国による「差別煽動」と言っても過言ではない高校無償化排除もその一つだ。各種学校に認可されたことを梃子《てこ》にして交渉で勝ち取った自治体からのわずかな補助金も近年、次々と停止されている。前述のように教職員の給与も遅配が当たり前の状態である。結婚し、子どもが生まれると、副業の有無やパートナーの収入、父母の経済状況次第では退職せざるを得なくなる。夢のある仕事でありながら、教員の入れ替わりのサイクルが速い大きな理由も、この過重労働と収入の低さ、不安定さにある。

だから朝鮮学校の運営は、教師の手の届かないところをフォローする保護者の無償労働で支えられているのが現状だ。その保護者が安心・安全対策に忙殺されることは、「我々が学校の先生を盛り立てられなくなることを意味していた」（李基敦・アボジ会会長）

ただでさえ教師は多忙を極めるのに、警備員か警察官を思わせる役割がそこに加わった。人を疑う眼差しと信頼する眼差しの切り替えを時々刻々と要求されるのである。それまでも高速道路建設に伴い、学校では見回りシフトを組んでいたが、そこに起こった襲撃事件で、見守り要員も増やすことになった。

職員会議も子どもの警備態勢が主題になる。安心・安全に「これでいい」などない。いきおい時間も大幅に超過する。不安を抱く保護者との連携もこれまで以上に密にせざるを得ない。頻繁にプリントを作り子どもに渡すが、子どもに見せるわけにはいかないと封筒に入れる作業も加わる。さらに、二回目の街宣の日、校外学習に振りかえた授業も別の日に埋め合わせなければならない。

その過重負担に苦しんだ一人が、幼稚班の主任だった張清香である。在日朝鮮人三世。両親は日本の学校に通い、成人学校で朝鮮語や文化を学んだが、年齢を重ね、さらには生活に追われるなかでは習得はままならなかった。「子どもには」との思いで、張を含むきょうだい四人は、父親の仕事の都合で京都から高知県へ引っ越ししながらも、全員、朝鮮学校に通った。「アボジは私たちの学校行事に参加するなかで学校が大好きになって、教育会(支援組織)の役職も持ってましたけど、朝鮮語は十分には使えないでしょ。私が教えたり、父親が内部向けに書いた文章がよく書けてたら『それ自分で書いたん?』とか言って(笑)」。父親には逆にそれがうれしくて仕方なかったようだ。大学進学の時、朝鮮大学校に今の保育科ができた。もともと子どもが好きだった張にとっては「自分のためにできた」と思うくらいにうれしかった。一期生として入学し、朝鮮学校の幼稚園教師となった。「はりきり過ぎて」体を壊したり、結婚、出産などで休職もしたが、以来、一貫して同胞の幼児教育の現場に携わってきた。

二〇一三年三月末、学校近くの喫茶店で会った。「昨日、取材のために陳述書を読み返したらテンションが下がってしまって……今日も本当はどうしようかって思ってたんです」。だが幼児教育の重要性について聞くと、滔々と語り始めた。

幼児教育現場への影響

「幼児教育から入った子は二言語の同時獲得が無理なくできる。一週間、一カ月で見違えるほどになるし、一学期で土台ができます。生活用語も朝鮮語で獲得し、情緒を朝鮮語で育てられるって素晴らしい。アイデンティティの確立にはすごく重要だと思います。初級から入った子どもは、授業で学習して身につけるわけで、比較してもスピードが全然違います」

取材依頼の電話口でも、言葉に詰まっていた。こちらも躊躇を抱えて臨んだインタビューだったが、民族教育、とりわけ心血を注いだ幼児教育のことになると言葉が次々と口を衝いて出た。「泣き虫なんで、取材、すごく億劫だったんですけど、こういう角度だといいですよね」

一時期は休職した張だが一八年前に復帰、第一初級の主任になった。力を入れたのは日本の保育士との交流だった。

「幼稚班はとりわけ若い先生が多くて、結婚退職も多い。入れ替わりが早いから教員の質を上げることが大変だった。とはいえこちらは当時三人しかいないので、日本の若い先生方と交流することで学び、質を上げようと思った。外部からも幼児教育の英語の先生を招いての交流や、合同お泊まり保育もやったりしました。プラスアルファを獲得しようと。日本の幼稚園、保育園にはない質が確保できれば保護者は子どもを預けてくれる。その土台はようやくできてきたかなと思っていた頃でした」

高速道路延伸工事の問題が起きた。学校周辺のスクールゾーン化すら交渉なしには実現しない朝鮮学校にとって、子どもの安心・安全は自助努力で解決せざるを得ない問題だ。目いっぱいだった日常に、工事に伴う安心・安全確保が加わった。そこに襲撃事件が続いた。前述のようにその日、幼稚班は第二、第三初級との交流サッカー教室で市内北部のグラウンドに行っており、直接、罵詈雑言にさらされたり、彼らの姿を見たり、物々しい空気を経験したわけではなかった。とはいえグラウンドからの帰校時間を大幅に遅らせざるを得なかった。「校長からバスの運転手に電話がありましたけど、電話口からも大きな音が聞こえてきました」

そして初回の襲撃翌日の一二月五日は、学校の入学説明会だった。だが、参加したのは、幼稚班からの持ち上がりとなる八人を除けば、新規は二人。幼稚班に至ってはゼロだった。事件がすべての原因とは言えないだろうが、想定外の激減だった。「さて、これから」と思っていた時期だけに、参加者ゼロはこたえた。「教員たちみんな涙を流しながら『挫けたらアカン、覚悟を決めてがんばろう』って」

敬老会で着飾る幼稚班の子どもたち(京都朝鮮第一初級学校〔当時〕で，2009年9月12日)

幼稚班は朝鮮学校の入り口である。幼稚班には学校全体から「入園者の獲得」というプレッシャーもかかる。保護者たちへの勧誘の日々が始まった。前面に立つのはもちろん、張だった。「でも子どもを預けてくれるという保護者はなかなかいませんでした。そもそも高速道路の建設で大型車両が行き交う危険な状態になる。騒音も排気ガスの問題もある。それに加えて在特会でしょ……。(家族で誰も朝鮮学校に行っていない)新規の人は仕方ないにしても、きょうだいが通ってる家庭までどうするか悩んでいるのはショックでしたね」

もちろん落ち込むことばかりではなかった。危機感を抱いた父母らが横のつながりを駆使し、いろいろな人たちを勧誘してくれた。「願書を回してくれたり、実際に朝鮮学校の教育内容を知ってもらうため、学芸会に新規さんを誘う人がいたり。私もしつこいくらいに粘り強く活動して」。徐々に入園希望者が現れてきたが、一方で自らの目指す保育と日常業務との乖離は耐え難いものになっていった。

「やはり警戒に時間を取られるわけです。近隣を散歩して、日本の人たちに『アンニョンハシムニカ』と言って、挨拶を返してもらう。何気ないことですけど、朝鮮学校に通っている幼稚園児には普段、日本人と触れ合う機会はほとんどない。日本で暮らしている実感を得る機会として、散歩は大事な教育なんです。でも在特会が来て以降は、散歩もできなくなりました。幼稚班の教師は全員女性でしたし、いつも男性についてもらうわけにはいかない。体操の授業は公園でやってましたけど、それも園庭での遊びに変えました。門の中ですけど、それでも小さい学校ですから、門の向こうに来られたら子どもに見えてしまう、ましてや怒鳴られでもしたらどうなるか。遊んでる子どもを足元に、私たちは門の前で見張りに立ち、警備員や監視員の眼差しで周囲を観る。『普通の保育がしたいよね』なんて言い合ってましたけど、あれではできません。一日中、そんな感じでした」

当時の話になると、幼児教育について語っていた時とは一変し、張は丸めたおしぼりを何度も目に当てて涙を吸わせた。去年できなったことを今年は、今年できなかったことを来年はと、徐々にではあっても、より良い教育を提供したいというのは教師の性であるが、多忙のあまり手が回らぬことも多い。さらにはそれが、高速道路の延伸工事や襲撃事件といった、まさに降ってわいたような外的要因で手が足らなくなる。それどころか、現状からも後退していく。できなかったことを何度も反芻し、それを取り戻そうと遮二無二なった。だが「学校」という、ある意味「保守的」な機構の中ではままならないことも少なくない。思いの強さゆえに壁にあたって傷つく。それもストレスに輪をかけた。どんどん負のスパイラルに落ち込んでいった。それは幼稚班のみならず、初級部に通う子どもや保護者に対する罪悪感にもつながっていった。なぜなら幼稚班は朝鮮学校の入り口である。児童の大半は彼女の教え子であり、多くの子どもたちの入学に自分が何らかの形でかかわっていたのだ。「クタクタになって家で寝ても、子どもや保護者に申し訳ない気分になって。『あれもせな』『これもせなアカン』と、眠ってるのがなんか罪みたいに思えてきて、休日に遊びに行くのもとんでもないことみたいな……無理しすぎたんかな、抱えきれなかったのかな……でも私、がんばったと思う……」。大粒の涙が止まらなくなった。

事件から一年半後、民事訴訟で裁判所に提出する陳述書を作る時だった。張は自分の聴き取りを担当していた冨増四季弁護士に、幼児時代に民族教育を受けることの意義と重要性と、その一方で理想の保育がどんどん遠のいていく現状の辛さを切々と語っていた。「でも自分がしっかりすれば大したことじゃない。それをバネにがんばってます」と結ぼうとする張に、冨増が返した。「でも、そのしんどさって在特会の街宣の影響ですよね?」。突然、涙が止まらなくなった。「目に見える妨害よりも、目に見えない部分の問題が大きくて……。私ね、全部自分が悪いように思えて、自分ががんばればいいと考えてきたんですよね。弁護士さんの一言で『そうだったんだ。そう思ってもいいんかな』って」

その時の同僚は次々と退職していった。「辞められるのが羨ましくてたまらなかった」という。その年の年少組が卒園するまではと思っていたが、やはり朝鮮学校で教師をする娘から言われた。「ちょっと、ゆっくりしたら」。家庭内でもいつも楽しそうに仕事の話をする張がどんどん追い詰められ、仕事のことを口にしなくなっていく姿に胸を痛めていたのだった。二〇年以上心血を注いだ民族教育の現場を二〇一三年春で退くことを決めた。

退職前の最後の仕事は伏見区の新校舎への引っ越しだった。運んだ遊具は、日本の民間保育園がリニューアルする際に第一初級に譲渡された「お古」だった。「もちろんいただけるのは感謝ですけど、せっかくこちらも新しくなるのに遊具は前のまま。国庫助成がないこととか、他の自治体では補助金が止められたりカットされてること、それから高校無償化排除のことも思い出してね、これってホルモン(放る物)やんな、って考えたら涙が出てきて……。私、第二初級に通ってた頃、同じ年くらいの日本人の男の子から『チョーセン』って石投げられたことがあるんです。そこから何が変わったのかなって」

襲撃事件当時に働いていた教師の約半数は、それから三年半の間に退職している。そもそも教師の入れ替わるサイクルが速いのは前述した通りの背景もあるが、事件をめぐる過重負担も大きな要因であるのは間違いない。

転　勤

事件後の移転を契機に転勤したのが、当時、三年生の担任だった鄭由希である。「あの日々で多少のことでは驚かなくなりましたね」と言うが、当時はそんなことを考える余裕などなかった。後述するように、そもそも日本政府による半世紀以上の差別が続いているのが朝鮮学校ではあるとはいえ、その中でも前代未聞の差別事件に教師一年目で遭遇したのだから。

他県から通っていた鄭にとって、きつかったのは見守り当番だった。登下校時はもちろん、事件以降、公園に出るのは教師の付き添いが原則となった。「放課後だけじゃなくて、男の子たちは始業前にも公園でボールを蹴る。だから教員で当番を決めて、朝八時には公園に誰かが出る態勢を取ってました。前の日に何時に出るかを聞くんですけど、大会前になると男の子は七時半とか三五分とかに出たいという。

私は通勤上、早くても七時四五分にしか入れないと伝えてたんですけど、一度だけ遅刻して八時一〇分に着いたことがあったんです」。他の教員が八時に出勤していたので子どもたちはボールを蹴ることができたが、それまで一五分間、子どもは玄関前でボールを抱えて待っていた。「罪悪感を覚えましたね。在特会の事件さえなければ、ここまでにはならなかったと思う」

始業前や放課後だけではない。授業と授業の間の一〇分間の休憩時間でも、教師の誰かが公園に出て子どもの見守りをした。「授業の準備もしたいし、時間内に課題が終わらない子がいれば、終わるまで残って見てあげたいけどできないわけです。他の教室でテストをして、どうしても解けない子がいて五分延長したりすると、突然、(見守りの)代理が回ってくるし、午後五時まで空き時間がまったくない状態でした」。教師の手が足りず、自習になることも増えた。事件がもたらした被害の一つは、自習時間の急増による子どもの学力の低下だった。それを憂うる父母たちの声は、鄭にも届いていた。保護者の負託に応えられないこともストレスだった。

第一初級は教室と教職員室の棟が別のため、行き来するたびに靴を脱いだり履いたりしなければならない。「(見回りが長引き)前夜遅くまでかけて作った音符のカードを取りに行けなかったこともあります。へこみましたね、やっぱり」。だが、鄭のしんどさに気づいていたのは他でもない子どもたちだった。街宣のショックで事件後一週間ほどは授業も上の空だった子どもたちだったが、目に見えて様子が変わってきたという。「女の子が手紙をくれるんですね。前からもらってたけど文章が長くなったり、『誇りをもってがんばります』とか書いてくれたり。男の子は授業への参加意識が急に高まってきましたね。問題を出すとがんばって手を挙げる子がいたり、宿題を忘れなくなったりして。自分たちで教室を盛り立てようと。ほんとに可愛かった」

両親も朝鮮学校の元教師である。高級学校時代の吹奏楽部の教員に憧れ、朝鮮大学校への進学を考えた時、鄭は他でもないその両親から猛反対された。「あなたはまだ教壇に立てる段階にない。ウリハッキョの先生になるのはそんな生易しいものではない」と。「中途半端な気持ちではない」と反対を押し切ってなった教員生活、ようやく日々のペースがつかめてきた時に一連の事件に遭遇したのだった。「濃密でしたね。まさかこんな体験をするとは思わなかった。両親もきょうだいも心配してました」

鄭は第一初級が第三初級と統合、移転した二〇一二年三月、他県の朝鮮学校に転勤した。転勤後の職場でインタビューをした。ドアの向こうには学校の運動場があり、子どもたちがサッカーに興じている。「こちらに来た時、当たり前に運動場があって、許可をもらわなくても遊びたいだけ遊べる環境があって感動しました。でも、これが当たり前なんですよね」。今も、事件を反芻する。「やっぱり……一回目の襲撃より二回目、三回目ですね。何とか阻止できなかったのかなと今でも思いますね。一回目の襲撃予告を伝えてなかったことで、保護者と学校との関係がギクシャクしたこともありました」

今も転んで泣いている子どもを観ると事件が思い出される。電車のホームで酔漢が発した大声であの光景が蘇ったこともある。電車に乗れば妙に周囲の視線が気になることもあるし、テレビで朝鮮をめぐるニュースを観ても事件を思い出す時があるという。でも「あの子どもたちと出会えたのは得難い幸せだった」。今でもあの時の生徒たちとは頻繁に連絡を取り合っている。「(話題は)最後は必ずあの事件に行きつきますね。ワーストワンの思い出として」

変わらぬ政府の敵視政策、変化見せる自治体

刑事告訴をしても捜査は動かず、街宣が幾度となく繰り返される。教師たちは日を追うごとに疲弊し

ていった。当時、長期化する問題に前面に立って対応したのは、教務主任の金志成である。人繰りがつかなければ見守りのシフトに入り、プリントを作り、職員会議を進行する。保護者への説明、外部への対応——。連日、深夜までの業務が続いた。二学期が終わった一二月下旬、金は過労で倒れている。

金は一九六八年、朝鮮大学校卒業生の両親のもと、東京で生まれた。初級学校から朝鮮学校に通い、初級六年の時に家族と共に京都へ転居した。六年生の一年間は第一初級で学び、勧進橋公園で駆け回った。『ウリ』でつながれるのが朝鮮学校の魅力です。そこで自分が培ってきた自己肯定感を子どもたちに伝えたい」。その思いで教師の道を選んだ。彼が学校生活を送り、進路を決め、教師生活をスタートさせた一九八〇年代から九〇年代は、朝鮮学校を取り巻く状況が大きく変化していく時代だった——。

本章の冒頭で述べたように、日本政府による朝鮮学校潰しの動きは、一九四〇年代後半の、武装警官を動員しての強制閉鎖で終わったわけではもちろんない。二〇〇二年に、いわゆる「日本人拉致問題」が明らかになって以降、あまりにも露骨な「学校潰し政策」が目立っているが、敵視政策はいつの時代にも一貫して続いていた。その一つの思想は、京都第一初級が勧進橋のたもとに開校した約六年後、一九六五年一二月二八日に都道府県知事と教育委員会に出された文部事務次官通達「朝鮮人のみを収容する教育施設の取り扱いについて」、いわゆる「六五年文部次官通達」に表れている。通達の冒頭に記された趣旨は以下のようなものだ。

「わが国に在住する朝鮮人子弟の教育上の取り扱いについては、従来もわが国の公立の小学校または中学校において教育を受けることを希望する場合には、その入学を認め、今後も、別途『日本国に居住する大韓民国国民の法的地位及び待遇に関する日本国と大韓民国との間の協定における教育関係事項の実施について』(昭和四十年十二月二十五日文初財第四六四号文部事務次官通達)によりその入学を認めることとなったが、このことは、朝鮮人子弟にわが国の公立学校において特別な教育を行なうことを認める趣旨でないことはいうまでもないところである。しかるに、朝鮮人のみを収容する、大部分の公立の小学校分校の実体は、教職員の任命・構成、教育課程の編成・実施、学校管理等において法令の規定に違反し、きわめて不正常な状態にあると認められるので、次によって、適切な措置を講ずること」

そして、その措置としていくつかの具体的な方針を出している。最初に槍玉に挙げられているのは、当時も神奈川や兵庫などの公立学校で運営されていた朝鮮人のみが学ぶ計一六の分校であり、その閉鎖を念頭に置いた項目が並んでいる。

(1)　これらの朝鮮人のみを収容する公立の小学校分校については、法令に違反する状態の是正その他学校教育の正常化について必要な措置を講ずること。

(2)　これらの公立の小学校分校における学校教育の実態が改善され、正常化されると認められない場合には、これらの分校の存続について検討すること。

(3)　なお、朝鮮人のみを収容する公立の小学校または中学校およびこれらの学校の分校または特別の学級は、今後設置すべきではないこと。

通達は次に朝鮮学校を標的にする。「朝鮮人のみを収容する私立の教育施設（以下「朝鮮人学校」という。）の取り扱いについては、次によって措置すること」として、朝鮮学校に対する三項目の方針を明記した。

(1) 朝鮮人学校については、学校教育法第一条に規定する学校の目的にかんがみ、これを学校教育法第一条の学校として認可すべきではないこと。

(2) 朝鮮人としての民族性または国民性を涵養することを目的とする朝鮮人学校は、わが国の社会にとって、各種学校の地位を与える積極的意義を有するものとは認められないので、これを各種学校として認可すべきでないこと。また、同様の理由により、この種の朝鮮人学校の設置を目的とする準学校法人の設立についても、これを認可すべきではないこと。なお、このことは、当該施設の教育がわが国の社会に有害なものでない限り、それが事実上行われることを禁止する趣旨でない。

(3) すでに学校教育法第一条の学校又は各種学校として認可されている朝鮮人学校の取り扱いについては検討を要する問題もあるが、さしあたり、報告、届出等の義務の励行等法令を遵守して適正な運営がなされるよう留意するとともに実態の把握につとめること。

なお朝鮮人を含めて一般にわが国に在住する外国人をもっぱら収容する教育施設の取り扱いについては、国際親善等の見地から、新しい制度を検討し、外国人学校の統一的取り扱いをはかりたいと考える。

民族教育には、日本社会における価値はないということであり、分校や特別学級どころか、一条校としても各種学校としても認可すべきではない、すでに認可されている学校については実態の把握（＝管理、監視）に努めよとの方針だった。全文を記したのは、第二章で触れた「一・二四通達」との一貫性を示すためだ。

そして留意すべきは、この通達が日韓政府間の在日韓国民の処遇をめぐる交渉に関連して出されたことだ。あらゆる機会をとらえ、日本政府は朝鮮学校の存在を否定しようとしたのだ。

この六五年文部次官通達の発想は、その数カ月前、内閣調査室が『調査月報』七月号に記した文言「わが国に永住する異民族が、いつまでも異民族としてとどまることは、一種の少数民族として将来困難深刻な社会問題となることは明らかである。彼我双方の将来における生活と安定のために、これらのひとたち（在日朝鮮人）に対する同化政策が強調されるゆえんである。すなわち大いに帰化してもらうことである。（中略）在日の子弟に対する民族教育に対する対策が早急に確立されなければならないということができる」（強調、引用者）の延長線上にあった。同じ報告書では、朝鮮学校の教育を共産主義教育として、文教問題ではなく、強制閉鎖も念頭に置いた「治安問題」として考えるべきだとの文言もある。通達の少し前には、佐藤栄作首相（当時）が参院日韓特別委員会の答弁で「植民地を解放して独立したのだ、独立した教育をしたいのだ、こういうことであれば、それはその国においてなされることはいい。ここは日本の国でございますから、日本にまでそれを要求されることはいかがかと、かように思うのであります」（一二月四日）と述べている。

これを受ける形で一九六八年三月、外国人学校法案が国会に上程される。全一四条からなる条文に外国人学校と民族教育の権利についての文言は一切なく、学校側の義務や、文部大臣の是正命令、閉鎖命令、さらには立ち入り調査や教育の中止命令の権限を認めるなど、朝鮮学校への日本政府の管理、監視の強化を図るばかりの法案だった。反対運動の強まりで廃案となったが、法案は一九七〇年代まで形を変えながら複数回に亘って提出された。一貫して続く日本政府の「朝鮮学校敵視姿勢」の現れだった。

「学校としての意義を認めず」との方針は、その後も朝鮮学校への処遇全般を規定した。たとえば高級学校を卒業しても高卒の学歴と見なさず、大学受験などの資格を認めない。「朝鮮学校」を選ぶ者にはこの社会で生きていく展望を持たせない、陰湿極まる差別だった。その一つは各種学校であることを理由にした、各種の体育大会からの排除だった。どれだけ努力しても、日本の高校生たちと同じ立場で触れ合い、競い合うことができない。いきおい朝高生は肩肘張って、突っぱって生きるしかなかった。

金志成の四年先輩でサッカー部のＤＦだった李基敦も当時を振り返って言う。「食費とかを削って、名古屋の生地屋で買った最高級の布で学ランをオーダーメイドして、裏には刺繍しましてね。どれだけ汚れないように気を遣ったか。必ず胸ポケットにはブラシを入れて、何か触れるたびに払ってましたね。『京都朝高のスタイルはこれだ』というのがあったんです。当時は京都商業（現・京都学園高校）が全国準Ｖでしたけど、練習試合では負けませんでしたよ。それで相手が聞くわけです、『どうして練習試合でそこまでの全力プレーができるのか？』って。だって我々は当時それしかなかったんですから」

だが一方では、革新自治体を中心に「改善」の小さな流れもあった。各種学校認可の動きである。一九五三年には京都府が朝鮮学校を全国で最も早く法人認可した。外国人学校法案が上程された六八年には、その動きに対抗するかのように、美濃部都政が朝鮮大学校を各種学校として認可した。これが後押しとなる形でその後も認可は続き、七五年にはすべての朝鮮学校が各種学校となった。認可をテコに自治体の補助金も徐々に支給が始まっていった。京都でも七九年に府が、八二年に市が補助金の支給を開始した。自治体レベルでは「学校」と認める意識が広がっていったのだ。そして八五年には、京都市中体連が京都朝鮮中級学校の加盟を認めた。門戸開放の「はじめの一歩」だった――。

朝鮮学校の教育内容の変化

この胎動をリアルタイムで経験したのは金志成の学生時代だった。

朝鮮学校の内部も変わっていった。中級時代の金が、学校の「変化」を感じた出来事がある。「ぼくらが中級の時に、学ランが既製品の紺色ブレザーに変更されました。女性が先輩からボタンを貰うのと似てますけど、ぼくらの前の世代まで、高級では卒業する先輩から学ランを引き継ぐのが習わしだったし誇りだった。それが急になくなったんですよ」。学ラン廃止が決定されたのは、その数年前だった。恒例の一大行事(儀式?)の廃止が上意下達で決定されるのは許せないと、学生が教職員に猛烈に抗議した場面もあったという。これ自体、朝鮮学校に「一糸乱れぬ組織」的印象を持つ人たちの先入観を裏切る場面だろう。「その時に先生が言っていたのは、『これからはイメージを変えないといけない』『今までとは違って日本の学生さんと同じ土俵で競い合っていくんだ』と。ぼくはそれを聞いてもチンプンカンプンな部分もあって『そうなんかなぁ』と。でも今にして思うと、その後の変化を見越してはったのかなと」。教師の言葉はほどなく現実となっていく。これまで締め出されていた各種大会への参加が次々と認められていったのだった。

時は一九八〇年代である。国際人権規約批准(一九七九年)や難民条約批准(一九八一年)など、欧米からの外圧に押される形で日本が国際人権条約への加入を「強いられていた」時期である。しかも国内的には指紋押捺拒否闘争が、逮捕、起訴、再入国拒否など日本政府のなりふり構わぬ弾圧にもかかわらず、国籍、民族を超えて広汎な広がりを見せていた。組織としての朝鮮総連は「権力の介入を招く」などとして運動に「関与しない」方針を貫いていたが、人間が尊厳を求めることは誰にも止められない。朝鮮学校生だった現在のアボジ、オモニの中でも街頭に立ち、暗くなって人通りが絶えるまで署名を集めた経験を持つ人もいる。「人権」という言葉が力を持ち、現状を打開する武器になりえた時代だったのだ。

一九八九年には「NHK合唱コンクール」への朝鮮学校の正式参加が認められ、金が教師になった一九九〇年には大阪、京都の両府が全国大会予選を兼ねない大会に限り朝鮮高校の参加を認めた。そして翌年には日本高等学校野球連盟（高野連）が外国人学校の大会参加を承認し、日弁連の是正勧告に後押しされる形で全国高体連が朝鮮学校などの各種学校に対し、未加盟のままでのインターハイへの参加を認めた。スポーツ大会だけではない。一九九四年にはJR各社が通学定期運賃の割引率格差を是正し、一条校と朝鮮学校との格差がなくなった。そして長らく各種学校を理由に認められてこなかった大学入学資格についても一九九八年、京都大理学研究科が朝鮮大学校出身者の受験を認めたことで風穴が空き、大学院入学資格が弾力化（一九九九年）された。二〇〇三年にはようやく、朝鮮高級学校を卒業した資格で大学を受験できるまでになった。定時制へのダブルスクールの負担を余儀なくされていた従来の状況はなくなった（とはいえ、中華学校やインターナショナルスクールといった他の外国人学校が学校単位での受験を認められたのに対し、朝鮮学校だけは個人単位での認定というシステムが持ち込まれた。朝鮮学校生だけは出願大学がそのつど、受験資格を認定する。あらたな差別だった。他の外国人学校と朝鮮学校を分けて、朝鮮学校のみを差別するこの手法は、高校無償化からの排除にも引き継がれた）。

金は言う。「ぼくの頃は日本の体育大会に参加できなかった。日本の同じ年代の子どもたちと同じ土俵に乗ることができないから、『そしたら俺らは喧嘩では絶対に負けたらアカン』とか、あるいは練習試合の勝敗にも命を賭けるみたいな部分があったんです。でも肩肘張らなくても同じルールで競い合えることになって、目標ができたんです。サッカーの練習も熱心になりましたよ。昔の先輩はフィジカルな面はすごかったけど、練習はサボリ気味の人が多かった。素質だけでサッカーやってあれだけ強かったのは驚きですけどね（笑）。とにかく門戸が開かれてきてから、真面目に練習する子が増えましたよ」

一方で教科書の内容もどんどん変わっていった。アメリカンスクールや中華学校などの「外国人学校」は、基本的に本国の教育課程と内容を踏襲するのが常識だが、朝鮮学校は本国(この場合は朝鮮民主主義人民共和国)とは違った、日本の教育課程にかなり近い独自のカリキュラム編成をしている。弾圧の「理由」として日本政府が持ち出した一つが「教育内容」だった歴史も大きくかかわっている。初級から大学校までを日本と同じ六・三・三・四年で区切る学制も朝鮮とは違う。これは外国人学校の中では例外的である。

朝鮮近現代社会史を研究する板垣竜太は、朝鮮初級学校の社会科教科書の内容を三つの時期に区分する。第一期は朝鮮総連結成の一九五五年から南北共同宣言後の七三年まで。第二期は朝鮮内の権力闘争に決着がついたことを反映した一九七四年から九二年。そして、一九九三年から南北首脳会談(二〇〇〇年)を挟んで現在までの第三期である。「一期は朝鮮の教科書をそのまま持ち込んだりもしていた。言語学のものすごく高度な本を使っていたりする一方で、本国情勢もあって金日成を前面に掲げたものではない(金日成の絶対化が始まるのは一九六〇年代後半以降)。金日成の幼少期の逸話を通して、『親孝行』などの道徳を学ぶ科目『オリニシジョル』が初級部のカリキュラムにあったのは二期だけで、三期になると完全に姿を消している。より在日の実情とニーズにあった教科書になっている」という。

いわゆる政治教育色が強まったのが第二期だが、それは、金日成が国内の政争に勝利し、唯一無比の存在となっていく本国の情勢を反映したものだろう。一九七二年には南北共同宣言が出た。統一祖国実現が一つの「スローガン」たりえた時代であったことも、「帰国」前提の教育が推進される素地だったようだ。だが、日本で永住する者たちにとってみれば、本国の政治思想に重きをおいた教育は乖離があったとみられる。学力低下の問題や、朝鮮学校入学者の減少傾向もあって、より受け手のニーズを意識した改定がなされた。その結果、一九九三年の改定では金日成の幼少期科目は姿を消した。初級部の正規課程から政治科目はなくなり、日本の地理や歴史、経済が正式教科になった。

板垣によれば、教科書編纂でも「在日の意見、裁量が強くなっていった。一九七〇年代から八〇年代にかけては総連や朝鮮本国からの指導もあったようだが、九三年改訂の段階からは現場教員や朝鮮大学校の教員らが主体的に編纂する形になり、その流れは今日に至るまで変わっていない。たとえば在日の大半は南部出身であることを反映して、『祖国』も朝鮮半島全土と規定されている。現代史で祖国の中心に『朝鮮』が置かれているのは確かだし、一九三〇年以降の独立運動を金日成一人に代表させる傾向はある。でも彼が代表的な活動家の一人であるのは確か。実証史学的には疑問がもたれている歴史的逸話もいくつかあるけど、金正日の記述も含めて『崇拝』には程遠い。二〇〇〇年の南北首脳会談を受けて、南北朝鮮と在外同胞が共通して使える『統一教科書』が目指されていると思う」

断っておくが、私は政治色が薄まったことを処遇改善の「根拠」にしようとしているのではない。そこに居住国政府や自治体などの第三者が介入するのは不当の極みであるし、相手への好き嫌いで処遇が変わるのは、「恩恵」であって「権利」ではない。

「アメリカンスクールで原爆投下はどう教えられ、中華学校の教科書に南京大虐殺はどう記されているか。それらが問われないのは、価値観や歴史認識が異なるからといって、教育内容に政治的干渉をすべきでないとの大前提があるからだ。朝鮮学校に対してのみ扱いが異なる現状のいびつさは、どれだけ自覚されているだろう」(『神奈川新聞』二〇一三年二月二日社説「明白な朝鮮学校差別だ」より)。安倍政権が高校無償化対象からの朝鮮学校除外に踏み切ったことを批判したこの社説を、私は全面的に支持する一人である。言いたいのは、教科内容がより「在日」志向となったこと、より多様なニーズをくみ取れる教育内容を朝鮮学校自身が模索するようになったということだ。

「北朝鮮との敵対関係」を、朝鮮学校を「特別扱い」する正当化の理由に挙げる者もいる。在日朝鮮人を「人質」と見なす「選良」たちが政権与党の中核を占めるこの日本社会では当然出てくる「理屈」だろう。では先の戦争時、米国をはじめとした複数の連合国が自国内の日系人を収容所に閉じ込め、諸権利を剝奪したのは正当なことだったのか？　たとえば米国では一九七〇年代から被害者らによる名誉回復と被害補償を求める運動が始まり、八〇年代以降、再三に亘って大統領による被害者への謝罪と補償がなされている。米国が歴史的な「誤り」と認めたことを今、まさに現在進行形で繰り返している日本社会の現状を肯定するのだろうか？　これは歴史に学ばぬ「愚」ではないのか？

金志成は一九九〇年、初任地となる舞鶴初中級学校（二〇〇五年閉校）に赴任した。すでに日本の学校との交流の流れはあったが、後の閉校につながる生徒数の減少がネックだった。そこで金は考えた。

「中級と初級を足してもバスケ部が五人いなかったりする。だから三人制のバスケットの大会を開こうとエリアを回りました。続けているうちにウチも優勝したりできるようになって、舞鶴初中級がなくなるまで引き継いだ行事でした」。京都市内にある第一初級に転勤してからは、激増する交流の多さに戸惑いつつも、時代の移り変わりを感じた。「ぼくの時はまず日本の学校との交流なんてなかったから、手探りでしたけど日本の学校の先生と知り合うなかで分かったのは、当たり前ですけど『同じ教員』であること。子どもの教育という接点では、力を合わせて何かをできるんじゃないかと思ったんです」

ちなみに襲撃事件後の混乱の中で、金にとって一筋の光明だったのは「日本の学校との交流が絶えなかったこと」だという。金は多くを語らないが、あれだけの騒ぎが起こった後である。マスメディアでも何度か大きく取り上げられているし、サイバースペースではその動画も観ることができる。そんな朝鮮学校と交流予定があることについて不安を抱く保護者や、事なかれ主義の管理職から横やりが入った学校もあったであろうことは、想像するに難くない。だが、予定されていた日本の小学校との交流でキャンセルは一件もなかったという。

踏みにじられた教師たちの「夢」

徐々に処遇が「まし」になっていく。日本の学校との交流も、マジョリティにとっての体験学習的なものから「お互いが学ぶ」ものへと深化していく。マイノリティがマイノリティとして生きるにはある種の「動機づけ」がいる。その一つは社会への信頼感覚だ。今より状況がよくなるという感覚である。日本社会で「朝鮮学校」への認知が進み、「共生」という展望が開けていく。そのなかで、金志成が金尚均と二人三脚の形で取り組もうとしたのは、障がいのある子どもの教育だった。金が第一初級に赴任した時、受け持っていた三年生にダウン症の子どもがいた。財政的基盤が弱く、設備も人員もギリギリで運営している朝鮮学校で、障がいのある子どもの受け入れは大きな課題だった。「我が子に民族教育を」と願いながら、結局は断念せざるを得ない親も少なくない。障がいのある子を結果的に学校現場から排除してしまうことは、バリアフリーに対する教職員の意識の向上をも妨げかねない。

金尚均も言う。「最初は同じ教室で他の子と一緒に勉強してるのを見て『いいな』と思ってたけど、実際は手が回らず、放置されてるような状態だったわけです。これはまずいなと」。学習効果を上げようと、抜き出し授業(個別授業)を試みた。「最初は尚均先生の紹介で保育を学んでる学生さんにもボランティアで来てもらって。それからは尚均先生とぼくでやりました」。障がいのある子の教育について、朝鮮学校に蓄積はほとんどない。日本の学校教員とのネットワークを活かし、研究会にも参加してノウハウを学んでいった。その後は退職した養護教諭にも週一回、来てもらった。「『勉強』『勉強』よりもカードゲームとか遊びを取り入れて楽しくやると学習効果が上がる。こうやるんだと思いましたね」

事件当時、その子は六年生だった。だが相次ぐ差別街宣への対応に忙殺されるなかで、抜き出し授業ができない場面が出てきた。金志成は語る。「この子だけに限らず、教員は一年目より二年目、それより三年目と、至らなかったことを上積みして充実した授業をしてあげたい。でも事件以来、手が回らなくなったんです。結局、彼ら(在特会ら)が運営上の中心課題になって、そこに全教員が労力を割かれてしまった。教員はずっと子どもに関わってるけど、一人ひとりの子どもにとって初級時代は当たり前ですけど一生に一度しかない。その時代を十分に過ごさせてあげられなかったことが本当に悔しい」

教育内容だけではない。事件に翻弄《ほんろう》された年末から年度末は、児童、生徒の勧誘に大事な時期でもあった。前述したように襲撃翌日の入学説明会は惨憺《さんたん》たるものだった。最終的に幼稚班、初級ともそれぞれ一〇人が入園・入学したが、いずれも例年の半数である。「全部を在特会のせいにはできないけど、あれがなければあと何人かは入ってくれたと思う」(金志成)

高炳棋校長は言う。「『あの学校は心配』と何人もから聞いてショックでしたね。高速道路に加えて在特会のダブルパンチでした。でも嘘を言うわけにはいかないから……。正直、本当に苦しい時期でした教員もみんなピリピリしてましたね」

教員にとって、教育への夢が潰されていく暗澹たる毎日が続いた。相変わらず学校周辺には不審者が現れ、何かトラブルがあると警察が出動する騒ぎになり、そのたびに金志成が警察署に駆けつけた。学校への抗議、嫌がらせ電話……。教員二〇年目、脂の乗った時期を在特会対応で費やされた金の悔しさは想像するに余りある。あの街宣は教師たちの幾重もの「夢」をも蹂躙していったのだった。

7 捜査機関という障壁

刑事告訴は防御にならず、仮処分すら無視して、三度目の差別街宣が強行された。疲弊していく保護者と教師、そして何よりも次の街宣に怯える子どもたちがいた――。

三回目の街宣の三日後、弁護団は京都地裁に、在特会らに対する間接強制(仮処分に違反した時の金銭的罰則)を申し立てた。裁判所は弁護団の訴えをそのまま認め、違反について一日あたり一〇〇万円の支払い予告金を容認した。無審尋の仮処分決定に続いて、裁判所が下した判断だった。実際、この決定の後、第一初級へのヘイトデモは行われていない。だが保護者や教員たちの無力感、もっと言えば司法への不信はピークに達していた。

「完全に常識を逸脱していましたね」。襲撃者らが「やりたい放題」だったあの頃を振り返って、冨増四季弁護士は語る。「たとえば暴力団相手なら、こちらが法的措置を取れば合理的判断をして動きは一定収まります。言い換えればあの当時の彼らは、暴力団でもしないことをやってのけていました。司法的な意味で言えば、自分で自分の首を絞め続けているわけです。実際には間接強制の後にはデモは収まりましたし、着実に効果はあったわけですけど、保護者や学校側には『告訴したのになぜ逮捕されないのか』という思いは当然、ありましたね」

「名誉毀損」立件の困難

捜査が進展しない一つの「理由」は、告訴罪名に挙げた「名誉毀損」だった。

「名誉毀損」の困難とは何なのだろうか？　「名誉毀損」について、刑法は以下のように記している。

「公然と事実を摘示し、人の名誉を毀損した者は、その事実の有無にかかわらず、三年以下の懲役若しくは禁錮又は五十万円以下の罰金に処する」（刑法二三〇条）

刑法で言う「事実を摘示」とは、評価ではなく、その有無が判断できる特定の事柄を主張することを指す。たとえば「戦争中、男手がいないとこ、女の人をレイプして、虐殺して奪ったのがこの土地」がそれにあたる。そして条文には「事実の有無にかかわらず」とある。これを字面通りにみれば、具体的事実を挙げて権力者や資本家を批判することも、その者の社会的評価を低下させるわけだから、名誉毀損の犯罪となってしまう。このルポだって違法行為かもしれない。

だから二三〇条の二には、「表現の自由」として法的に守られる範囲が明記されている。人の名誉を侵害するような言論や表現行為であっても、その内容が「公共の利害に関する事実に関係することを、専ら公益目的で摘示した結果、名誉を毀損するに至った場合には、その事実が真実であると証明できた場合は処罰されない」

分解すると、①公共の利害に関する事実を、②専ら公益目的で摘示し、③その事実が真実であると証明できた場合は、刑事でも違法性は退けられるし、民事でも損害賠償をする必要がないという規定である。

さらに判例、通説では、「真実である」ことの証明がない場合でも、実行者がそれを真実と誤信し、その誤りについて「確か」な資料や根拠があれば犯罪は成立しないとされる。

「表現の自由」は民主主義の根幹である。「名誉毀損罪」成立のハードルが高いのは当然だが、それは一方で、当局が失点を恐れるあまり、立件すべき事案を立件しない傾向を生み出す。グレーゾーンの事件となると検事はまず、「名誉毀損」では起訴しない。それは、たとえば三月二八日の三度目の街宣から約二週間後、今回の主犯らが起こした「徳島県教組襲撃事件」にも見てとれる。日本教職員組合(日教組)が「あしなが育英会」に寄付するなどの名目で、全国の傘下組合に呼びかけて集めたカンパのうち、一五〇万円が連合を経由して徳島県教組から四国朝鮮学校に寄付されたのは「募金詐欺」などと主張して、京都の事件の主犯ら一六人が、わずか一〇畳ほどしかない同教組の事務所に乱入。その場にいた組合員の女性に対し拡声器を使い、「朝鮮の犬」「腹を切れ」「詐欺募金」「死刑や、死刑」などと一三分に亘って怒号したり、サイレンを鳴らしたほか、一一〇番通報して地元警察に指示を仰いでいた組合員の腕をつかみ、つながっていた電話を勝手に切るなどした事件である。

実行犯らは威力業務妨害や建造物侵入などで逮捕、起訴され、二〇一一年一二月、有罪が確定した。その段階では不起訴とされた別の二人についても、検察審査会で「不起訴不当」との議決がなされ、二〇一三年九月に起訴された。そもそも日教組のカンパ呼びかけには、「連合(の公的な事業)を通じて」の各種団体への寄付も使途の一つとして明記されている。この一点だけとっても「詐欺」は根拠のない誹謗中傷だったが、全員について名誉毀損罪での立件は見送られた。判断の一つの決め手は、彼、彼女らが「詐欺募金」と「誤って」信じ込んだ大きなソースが新聞記事だったことだ。検察官は、マスコミ情報に基づいた「誤信」を問う手間とリスクを回避したのである。

警察の習性

第一初級襲撃事件についても、検察庁は名誉毀損罪の適用に難色を示していた。違法性が阻却される、すなわち犯罪とならないとされる前述の三要件をめぐり、法廷での争いが煩雑となるからだ。検察が嫌がる事件を警察が強制捜査することなど、まずできない。強引に捜査しても検察が「買わない」(刑事処分しない)事態となれば「不当捜査」の矛先は警察に向かう。リスクを恐れる警察は学校側の弁護士に、「何とか名誉毀損を外せないか」と打診していた。それは、名誉毀損を外せば強制捜査が滑り出すことを意味していた。警察の中にも朝鮮学校に通う子どもの安心・安全を考え、捜査を早く進めたいと考える人間もいたのかもしれない。だが、あの暴挙を現行犯逮捕せず、ただ傍観した警察が何を言っても説得力はない。根っこにあるのは、自らの安全圏で事態を処理しようとする役人特有の保身だった。告訴罪名の中で量刑的にもっとも重いのは、威力業務妨害(三年以下の懲役又は五〇万円以下の罰金)だった。立件は簡単だ。その犯罪事実は、「防犯カメラの前で万引をしたに等しい」と豊福誠二弁護士が語るように、彼ら自身が撮影しアップロードした映像にすべて収まっている。自らの業績ポイントを考えれば、捜査当局にとって「費用対効果」の低い名誉毀損など、「触らぬ神に祟《たた》りなし」だったのだろう。

三回目のデモ予告に先立つ二〇一〇年三月六日、在特会らは学校に続いて、同じ東九条エリアにあるデイケアセンターに街宣予告をしていた。このセンターには、在日朝鮮人の制度的無年金問題に取り組む団体「在日無年金問題の解決をめざす会・京都」の事務局がある。在特会らはそこに「抗議」をするというのだった。幼稚園と小学生相当の子どもたちが通う第一初級に二度の街宣をかけた後、彼、彼女らはお年寄りや障がいのある人たちの憩いの場を標的にしたのである。センター一階の喫茶コーナーには、もしもの事態に備えて支援者が多数待機し、張り詰めた空気で満ちていた。センターに通う一世の中には、「来たら、歴史を教えたる!」と息巻くハルモニもいた。一方、在特会らのデモ隊は、センター近くの九条通をはさんで防衛に来た若者たちと対峙し、警察官たちは両者の衝突――それは三月二八日の三回目街宣同様、警備担当者として自身の失点になりかねない――の回避にあたふたしていた。

センターに行き、「めざす会」のメンバーに抗議文を手渡すと言い張るヘイトデモ参加者たちは、自らをあたかも守るように取り巻く警察と共にデイサービスセンターに近づいていったが、京都府警南署の警察官が襲撃者の前に立ちはだかり、彼らの前進を止めた。根拠は「犯罪の予防」や「公共の安全と秩序の維持」などを警察の責務と定めた「警察法二条」だった。

一連の騒動の中で、警察官が「まとも」と言える対応をしたのはこの時だけである。この事実は、それ以外のケースにおける警察官の「不作為」をも証明していた。逆に言えば、それほどまでに警察の対応は在特会らに甘く、不公正だったのだ。そもそもセンター側が受け取りを拒否していた抗議文である。私有地に勝手に入り込み、退去の求めを拒めば建造物侵入、不退去の現行犯だ。嫌がる相手に抗議文の受け取りを執拗に迫れば、強要の可能性も出てくる。それ以前の問題として、仮に在特会メンバーらがこのままセンターに突入すれば、詰めかけた支援者たちとの間で暴行、傷害事件になったかもしれない。「仕事を増やしたくない」という意識が警察官を動かしたのだろう。

子どもたちの尊厳を守ろう

さて、同じ頃、第一初級では告訴罪名の変更に関する検討会が開かれ、冨増四季弁護団事務局長がその意味を説明していた。授業中の学校の前で怒号を張り上げ、校門を揺らして音をたて、学校業務を妨害したのは威力業務妨害であり、公園に備え付けてあったスピーカーのコードを切断し、取り外して学校前に放置したのは器物損壊である。蛮行の数々は彼ら自身がアップロードした動画に映っており、疑問の余地はない。警察の「助言」通りに「名誉毀損」を外せば捜査は進む。逮捕となれば少なくとも短期的には、彼らはこれ以上の街宣ができなくなる。

だが一方で、保護者たちの脳裡に渦巻いていたのは「それでいいのか？」との思いだった。並べ上げた罪名はすべて物的被害についての刑事責任である。あれだけの罵詈雑言を浴びせられたことは犯罪ではないのか。朝鮮人としての誇りを涵養したいという親の思い、学校を守り、遺した先人たちの思い、そして現場で働く教員たちの思いが踏みにじられ、何よりも考えうる限り最悪の形で、朝鮮人であることの意味を刻み付けられた子どもたちへの法的責任が、物的な被害だけで収まっていいのか？「スパイ養成機関」「スパイの子ども」「密入国の子孫」「この学校自体が不法占拠」――。これらの文言を不問に付すのか？　しかし、「名誉」にこだわれば捜査は進まず、さらに何らかの攻撃を受ける恐れもある。まさに究極の選択だった。それに決着をつけたのは、アボジ会会長・李基敦の一言だった。「確かに子どもの安全を守るのも大事やけど、子どもの尊厳を守るのが親として一番大事やろう」。結論は、「名誉毀損は譲れない」だった。

一方で、それは捜査が停滞することを意味していた。保護者や教員、そして子どもたちの不安の日々が、まだまだ続くということだ。在特会らが街宣をかけようとした東九条のデイケアセンターに待機していた朴貞任の下に、学校での会議を終えたオモニたちが鎮痛な面持ちで報告に来た。お年寄りがくつろぐ二階の一角に集まるや否や、一人が泣き崩れた。「オンニ（姉さん）、私らこれから……どうなんの？……」。事件からすでに三カ月が経過していた。目の前で起こる事態の対応に忙殺されるなかで抑え込んできた不安が弾けたのだろう。他のオモニたちも次々と泣き出した。朴は彼女を抱き締め、背中をさすりながら語りかけた。「でもな、これはやらなアカンことなんやろうなぁ。自分ひとりでなく、みんなでやることやから、抱え込まんでなぁ」。おそらくこの決断、すなわちあくまでも「名誉」にこだわるという決断が、この一連の襲撃事件をめぐる闘いの、最も大きなターニングポイントだった。

民事訴訟へ

「子どもたちの尊厳を守る」。そのためにできることはすべてやる。三回目の街宣後に踏み切った民事訴訟もその流れのなかにあった。認められた第一初級への街宣禁止の仮処分から「仮」を取る、処分をより強固なものにするために必要なプロセスではあった。何よりも自分たちの「本気度」を捜査当局に示すことで、刑事告訴への捜査を促す狙いがあった。民事訴訟の要旨は、ヘイトデモ参加者ら九人と在特会を相手取り、学校への街宣禁止と計三〇〇〇万円の慰謝料を求めるものだ。刑事告訴が事件として動き出す前の二〇一〇年六月二八日に、民事訴訟が京都地裁に提起された。

刑事告訴の行方も分からず、「しかるべき手続き」を執ったはずなのに、その後も二度の街宣が行われた最中での提訴だった。三度の街宣に臨場したアボジ会の金秀煥は言う。「刑事告訴でも仮処分でも街宣は止まらない。だのに民事訴訟に意味があるのかと。訴えたら『喧嘩両成敗』みたいな判決が出るんじゃないのって」

朝鮮学校や総連をめぐる様々な弾圧について、少なからぬ関係者が判で押したように言うフレーズがある。「朝鮮学校に何か差別があっても裁判にはしない。日本の司法が朝鮮学校の権利を認めるわけはないし、悪い判例が出ると全国に波及してしまう」。これは被害妄想でも何でもない。実際に「根も葉もある話」なのだ。国際人権基準を無視した差別が続き、それに司法がお墨付きを与える。金秀煥の脳裡をめぐっていたのも、この引き継がれてきた失望感だった。

国家(検事)が社会秩序を損った者に罰を与える刑事裁判とは違い、民事訴訟は、被害者が直接、その思いを訴えることができる。だが、それゆえに、当事者として相手と直接対峙する。利害を異にする双方として、ある意味で「対等」に向き合うのだ。そしておそろしく時間がかかる。「説明を聞くほどに嫌気がさしましたけど、できることはやるしかない」とあるオモニは語る。民事訴訟における勝利の度合は、賠償額の多寡に現れる。「金じゃない」との思いから、民事訴訟への抵抗感を口にする人もいた。それでも踏み切った。やれることはやるしかない。そんな悲壮感が漂っていた。

侮辱罪への格下げ

その一カ月半後の二〇一〇年八月一〇日、朝日新聞と京都新聞が朝刊で特ダネを打った。一二月四日の事件について、襲撃者たちへの聴取が始まるとの内容である。新聞業界的にそれは、「実行犯、今日、逮捕」を意味していた。新聞各紙も後を追い、テレビも昼のニュースから聴取、そして逮捕を報じた。刑事告訴から八カ月、一つの区切りがついたのだった。

この日、夏休み中で自宅にいた刑法学者の金尚均は朝九時過ぎ、すでに起きていた子どもから一報を受けた。「『よかったな、アッパ(「父親」を意味する朝鮮語の子ども言葉)!』って。親としてはほっとしましたけど、研究者としてはアンビバレントでしたね」。リベラル派の刑法学者である金としては、個人に対して国家権力が行使されたことに安堵を覚える自分に複雑な思いを抱いていたのだろう。

教え子の数人が襲撃者から声をかけられた鄭由希は言う。「少し安心はしました。嬉しいというよりも、あれだけのことをしでかしたわけですから当然だと思いました。子どもたちも『よかった〜』とかいう声はなかったです。『ソンセンニム、当たり前ですよね』って」。この間の経験を通して、子どもまでもが「一件落着」とはいかないことを知っていたのか。あるいは日々の緊張に疲弊し切っていたのか。学校周辺には昼のニュース用に現場の様子を撮りに来たメディア関係者が集まり、なかには子どもたちに無遠慮にマイクを向ける者もいた。「うちの子に『あの時、学校にいたの？　どうだった〜』なんて言ってる人もいましたね。子どもは何も言わずに首を傾げてましたけど、どういう感覚してるのかなって思いました」。あるオモニは、子どもたちの傷に無自覚なメディアの姿を呆れながら振り返った。

逮捕の兆候はあった。春に学校関係者への聴取が終わって以来、捜査機関から学校への接触は途絶えていたが、八月に入って突然、現場検証が再開された。強制捜査に向けた詰めの作業だった。

実は京都府警南署への刑事告訴は京都府警本部長指揮案件となり、捜査方針をめぐって京都地方検察庁との協議が延々と続いていたのだ。逮捕容疑には保護者たちがこだわった「名誉毀損」もしっかり入っていた。告訴人の思いを汲んで、思い切って「勝負」をしたのか？　実は違った。検察庁へ四人の身柄が送致されて以降、担当する特別刑事部の検事から弁護団に「名誉毀損」を外してほしいとの要請があった。刑事処分をするか否かの権限を持つ検事の依頼だった。

原告側は突っぱねた。当然である。だがその結果、最終的に担当検事は、彼らの起訴罪名を名誉毀損から侮辱罪に「格下げ」した。

名誉毀損罪を侮辱罪に変更するとは、何を意味するのか。刑法二三一条「侮辱罪」にはこうある。

「事実を摘示しなくても、公然と人を侮辱した者は、拘留又は科料に処する」

一読して分かるように、名誉毀損罪と侮辱罪の違いは、「事実を摘示」するか否かだ。侮辱罪で起訴するとは、それを問題にしないということだ。起訴の格下げである。量刑も比較にならないくらい低い。

想像できる理由は大きく分けて二つある。

一つは、検事の人権感覚、もっと言えば在日朝鮮人の歴史に対する認識の欠落である。「北朝鮮のスパイ養成機関」「五〇年あまりの不法占拠」「密入国の子孫」などの言葉が、検事にとっては単なる悪口(=侮辱)に過ぎなかった。あるいは検事は、襲撃者らのまき散らした悪罵の数々が先の三要件――すなわち①公共の利害に関する事実、②公益目的、③事実が真実である――を満たしていると考えたのかもしれない。主犯の言が事実かどうかは分からないが、襲撃事件の民事訴訟の法廷で、豊福弁護士から「(検事に)名誉毀損で起訴されると言われなかったか?」と訊かれた彼は、襲撃事件の取り調べの際、担当検事から名誉毀損と侮辱について説明を受けたと述べ、「(自分の発言は)名誉毀損にはならない(と言われた)」「バカとかが侮辱になるから、じゃあ侮辱ねっちゅうことで侮辱になった」などと語っている。

もう一つは、「真実性」を争う「手間」を忌避した可能性だ。京都の事件で仮に名誉毀損で立件した場合、相手は自分たちの行為を違法性が阻却される「表現の自由」の範囲内と必ず主張してくる。その場合、検察はたとえば「戦争中、男手がいないとこ、女の人をレイプして、虐殺して奪ったのがこの土地」「スパイ養成機関」「この土地自体も不法占拠」といった襲撃者たちの主張に対して、日本の植民地支配によって「言葉や文化の否定」が行われた朝鮮人が解放後、日本政府からのたび重なる弾圧の中で民族教育を守り抜いてきた事実を基に主張を組み立て、在特会側の言い分を突き崩す必要が生じる可能性がある。法廷では「日本国家」を代表する立場にある検事たちが、朝鮮学校側の主張で在特会と対峙する構図は、もし実現すれば「見もの」だったが、思想的にはおおむね「右寄り」な検事がそれを「よし」とするだろうか? しかも、立証には手間暇がかかる上に負けるリスクも背負う。検事は「真実性」をめぐる争いに関わりたくなかったのだと思う。

そこで起訴を侮辱罪に格下げしたのだろう。だが、侮辱罪とは、主犯が語ったように、単なる悪口（≒評価）に過ぎない。「あの発言は、政治的主張か否かを論じるまでもないレベルと見なしたと言えなくもないですが、あまりに量刑が低い」（冨増四季弁護士）。侮辱罪の量刑は刑法典で一番軽い拘留（最長二九日の身体拘束）か科料（一万円未満の財産刑）で、しかも執行猶予が取り消される対象犯罪ではない。侮辱行為ならば、執行猶予中でもお構いなしにできるのだ。名誉毀損を侮辱罪に格下げしたことそれ自体が、「覚悟と決断」を積み重ねた被害者への侮辱だった。私は厳罰化には反対の立場をとる人間だが、あの事件に対してこの罰則は妥当とは思えない。

「被疑者」としての聴取

告訴から八カ月を経てようやく、襲撃事件の捜査が動き出した。一方で第一初級関係者は、刑事告訴が「もろ刃の剣」であることを実感していくことになる。在特会側による刑事告訴を受けた京都府警は、同時に都市公園法違反容疑による学校側への捜査を始めたのだ。

被害者として応じたつもりの聴取が、被疑者の聴取にもなる。第一の「被疑者」は当時の校長、高炳棋。彼はその年の春、南区ほどではないが市内では同胞の多い右京区にある京都朝鮮第二初級学校の校長に転任していた。後任となった金志成校長への聴取も再開された。各教員らにも聴取が行われた。参考人聴取とはいえ、被害と加害もあいまいだった。

聴取を受けた人たちの話からは、朝鮮総連と学校との関わりを情報収集するという公安捜査の色合いが強かったことがうかがえる。捜査チームは、右京署（主犯の自宅があり、公安当局の監視対象である朝鮮総連府本部のある右京区を管轄エリアとする）などからも人を集めていたが、これを取り仕切ったのは、外事課、公安課が属する府警本部の警備部だった。最初の街宣時、最も混乱した三年生の担任だった鄭由希も、参考人として京都府警南署に呼ばれ、事情聴取された。鄭の記憶は鮮明だ。「まさか自分がこんな、警察署で調書を採られるなんて思いもよりませんでしたよね」。この段階で教員二年目、社会人二年目である。「広い部屋で、日の丸がかかっていましたね」

鄭は一連の事件の被害者である。だが、最初に警察官が訊いたのは人事系統だった。『京都の人間ではないのに、なぜ京都で教鞭を執っているの』と訊かれました」。その後も朝鮮総連と学校との関係、人事などについて何度も訊かれた。「答えたくないこと、憶えてないことは『分からない』と言って構わないから、無理して答えたり合わせる必要はない、と事前に校長先生から言われていたので『分かりません』と繰り返しました」。そのやりとりがしばらく続いたという。にらみ合い状態である。「だいぶん経ってから向こうも『ああ、そうか』って、こちらのスタンスが分かったみたいで、ようやく事件の話になりましたね」

被疑者でもある高前校長への聴取は執拗だった。春までは「警戒されなくても大丈夫ですから」などと前置きしていたという聴取は、在特会への強制捜査開始で一変した。

二〇一〇年八月一〇日から連日ぶっ通し、朝九時から午後五時まで、一〇日間の取り調べだった。最初は警察の取り調べである。「結局、事件と関係のないことばかり訊かれるわけです。学校の情報収集ですよ。『学校の運営は？』『学校法人です』『人事を任命するのは？』『朝鮮学園が任命します』。要するに総連との関係ばかりでした」。盆明けからは連日、検察官の取り調べだった。公安の情報収集だった警察とは違い、こちらは露骨に、刑事処分に向けた「協力」を要請してきた。「在特会側が都市公園法違反を強く主張してくる。矛先をかわすためには、（在特会側の）裁判が始まる前に都市公園法違反の処分をしておきたい」「決して実刑にはならない、大した問題じゃない」。そして最後は「協力」してもらえないなら起訴することになる。どうとでもできる……との一言まであったという。

一段低い罪名、処分、判決をちらつかせ、「呑めないなら後は知らない」――と恫喝する。相手を型に嵌《は》める際の検事の「常套句」である。厚生労働省局長を狙った大阪地検特捜部の捏造捜査でも露呈したが、こうして事件を「造る」やり口が冤罪の温床となってきたのだ。

「結局ね、検事の取り調べには疑問を持ってましたけど、やってるうちに『ああ、両成敗にしたいんだな』と思ったんです。首を縦に振らないと、裁判になれば無罪になるか分からないわけです。あの時は高校無償化の問題がありました――今もありますけど――。その時、朝鮮学校の校長が有罪ではまずいですよ。それでも突っぱればぼくだけでは済まないかもしれない。法人の人たちまで引っ張り出されるかもしれない。略式起訴で済むならそれで何もなかったことになって、何も言われることはないだろうと」。略式起訴は、被告の了承を要する手続きである。逆に言えば、すべては高前校長次第だった。

形式犯でも大規模な捜索をかけられ、時には身柄を拘束される恣意的な権力行使がなされてきたのは、大津の「車庫飛ばし」で大阪府警が一三〇〇人もの警官、機動隊を引き連れて強制捜査をした例や、事実無根の国土法違反容疑を「理由」に、二八〇〇人もの陣容で朝鮮総連京都府本部を強制捜査したやり口で証明ずみだった。

朝から夕まで完全アウェーの密室である。取り調べ担当者からの質問に対し、彼、彼女らの脳内で書かれた――あるいは上司と合作の――ストーリーラインに沿う答えをするまで、何度も同じ問いが繰り返される。数々の冤罪事件で明らかになったように、時にはやってもいない殺人まで「自白」させられる取調室の重圧は、罫線入り用紙への手書きから、ワープロで調書が打たれる今となっても変わらない。高前校長は結局、計三八通の調書に署名させられている。

たとえば拳銃を用いた殺人事件で逃亡の末に逮捕された被疑者ならば、事件当時の状況や拳銃の入手経路、逃亡の道のりなど調書の数は増えていくが、今回の「事件」は公園に私物を置いていただけである。なぜそれほどの調書の数が必要なのか？　適用された都市公園法違反の罰則は、「六月以下の懲役又は三十万円以下の罰金」である。道路交通法の速度超過が「六月以下の懲役（過失の場合は三月以下の禁錮）又は十万円以下の罰金」である。スピード違反とさして変わらぬ量刑の「違法行為」で三八通もの調書、まさに異常な捜査だった。

前校長や第一初級教職員への聴取は夏休み期間だった。これまでに記したように、街宣対応で教師たちは本来の仕事にも手が回らなくなっていた。学校業務は最低限だけを「こなす」形となり、自習増加に伴う子どもの学力低下はシビアな問題だった。夏休みは教師らにとって「二学期への仕切り直し」のための期間だったが、依然続く過重労働に捜査機関への対応が加わり、第一初級では二学期の学校業務についての協議もまともにできなかった。

この頃、高が校長をしていた第二初級も、ギリギリの人数で運営する事情は同じである。「被疑者」としての取り調べが連日続いても、それで業務を免除される環境ではない。疲労困憊だった。関係各所や弁護士と相談を重ね、校長は最終的に首を縦に振った。実際、徹底抗戦すれば都市公園法違反での逮捕や、機動隊を動員しての学校や学園への強制捜査もなされないという保証はなかった。

「相撃ち」ねらう警察、「逃げ」に徹する京都市

学校襲撃の実行犯四人が威力業務妨害や「格下げ」された侮辱罪などで起訴された同じ日、校長も都市公園法違反の罪で略式起訴された。校長への処分は罰金一〇万円だった。

関係者によれば、ある捜査幹部は、基礎的な捜査が終わり、方針をめぐる京都地検との協議が続いていた春の段階で、両方を同時に処分できれば「一番キレイや」と語っていたという。要するに「相撃ち」を目指すべきゴールとしていたのだ。前述したように在特会らは、デモ禁止の仮処分を無視して実行した三月二八日のヘイトデモを警察が終点の公園に至る前に解散させたことに憤り、そのときの動画を「朝鮮総連と癒着して市民デモを危険にさらす京都府警」として動画サイトにアップ。府警南署や府警本部には「在特会」や「主権会」メンバーやフォロワーからの抗議が相次いでいた。「保守」を名乗りつつ、警察をも激しい攻撃の対象にする。当時の警察にとっても彼らは未知数の存在だった。そして府警を慎重にさせたのは、第三章で述べた、一九九四年に朝鮮総連を不当捜査した際の大失態である。

複数の関係者らの話を総合して考えるに、府警幹部は「在特会ら」と「朝鮮学校（警察的には＝朝鮮総連）」を対置させて考え、「どっちもどっち」に落とし込むことを「公正・公平な職務執行」と考えていた節がある。だから彼らは、「うるさ型」双方をタイムラグなく同時に処分する展開に持ち込み、一方から「不当処分」などと批判されれば、「貴方だけじゃない。相手も処分したじゃないか」と反論する「護符」を獲ようと考えていたのだろう。

一方、略式起訴をもって、在特会とそのフォロワーたちは「朝鮮学校の犯罪が断罪された」「そもそもの原因は朝鮮学校にある」などと大々的にアピールした。「甘かった、痛恨中の痛恨でしたね」。今回の法的応戦で金尚均ら関係者が悔やんでも悔やみきれないのがこの事態だった。「もし」「たら」はありえない。だが、もし徹底的に突っぱねて起訴になっても、有罪になっていたかどうかは分からない。すでに述べたような歴史的経緯もある。しかも校長は、公園に設置した私物について一月末の撤去を約束していた。その場しのぎの口約束ではないことを示す「代替地の獲得」という根拠もあった。これで撤去について「黙示の同意」があったとの主張もありえる。もし一筆交わしておけば「明示の同意」として問題視されることはなかったはずだ。そこは校長の「詰めの甘さ」との見方もありえるだろう。実際に相当な批判も受けたようだ。この件について訊ねると、高校長は少し間を置き答えた。

「でもそれはお互い様ですよ。工事の安全もそうですけど、これまで京都市に何かしらの文章を出してほしいと言って、聞いてもらったことなんてなかったんですから」

私自身は正直、「脇が甘かった」と思うが、同時に、それは酷な評価だとも思う。『守り』としての刑事告訴」を主張してきた遠藤比呂通弁護士は言う。「改めて公安のやり口は変わっていないことを痛感せざるを得なかった。告訴すれば恰好の情報収集の機会にされる恐れは十分にある。でもあの街宣続きの状況を考えれば、背に腹はかえられなかったわけです。警戒はしていたつもりだけど、こちらに隙があった。釜ヶ崎の労働運動よりも厳しくマークされていた。公安のやり口は特高時代と何も変わっていない」。公安捜査事件の弁護を多数手がけてきた遠藤の実感である。「京都市も『共犯』だし、起訴はできないと思っていたんだけど、甘かった。悔しいね、悔しいというより甘かった……」

一方で普段は「多文化共生」を口にし、朝鮮学校との交流を「国際理解教育のモデルケース」などと公言していたはずの京都市は、事件を受けて露骨な「守り」に入った。あるいはこの機に乗じて「朝鮮学校との慣習」を「清算」しようとしたのだろうか？

京都市の見解は、「過去のことで資料もないので確認できない」「これまで朝鮮学校に使用許可を出したことはない」である。直後のメディア取材に京都市は、「許可なく公園を占有しているとの認識はあったが、それほど悪質とは考えず、看過していた。公園管理に問題があったと言われても仕方ない」（『読売新聞』二〇一〇年八月一一日「京都山城版」）、「五〇年以上たっており、どういう経緯で使用が始まったか不明。現在は撤去されており、学校が地域住民らと譲り合って使うことは問題ないのだが」（『毎日新聞』二〇一〇年八月一一日京都版）などと、まるで学校側が勝手に使っていたかのごとき言い分に終始している。たが、そもそも公園は三者合意で使っていたのであり、その案はおそらく京都市が描いたことは前述した通りである。捜査幹部の間でも、市のこの「言い草」は失笑ものだった。捜査が始まった当時、府警内には、公園を管理する立場にありながら使用の経緯は分からないと繰り返し、第三者的立場に身を置こうとする京都市に対する不満が充満していたようだ。

都市公園法を厳密に適用するなら京都市も「共犯」だった。前述したように学校の各種式典も公園で行われ、京都市、市教委が後援を出している。学校側の記憶では「何らかの行事に際して京都市から許可を取るように求められたことはない」という。悪く言えば杜撰《ずさん》だが、歴史的経緯から杓子《しゃくし》定規な運用をしていなかったのだ。

「市職員からも話を聴いてるけど、彼らは字（調書）にさせない、逃げる」。初夏の時点で、別の捜査幹部はこう呟いている。市は関わりを避けようとした。「許可していないのに公園を占有されていた」と本気で言うならば、被害者として市が学校側を告訴すれば警察としては動きやすい。だが市はそうしない。経緯を厳密に考えれば「共犯」とも言える上、総連や朝鮮学校との関係もある。消極姿勢も当然だった。一方で市は、実際は公園使用を認めていた責任を残したくないのか、調書を採らせない。京都府警は、同じ行政機関であるはずの京都市の「非協力的態度」にいらだっていたようだ。

調書が採れていなかった頃、捜査幹部の中には、このまま校長が略式起訴を徹底的に拒んでも、京都市側の調書が採れなければ公判請求（起訴）は難しいのではないか。もし京都地検が都市公園法で起訴しても、京都市がこの状態なら校長は無罪となる可能性もある。そうなれば警察は国賠訴訟の被告になる恐れもあるとの見立てを語る者もいた。告訴後から一貫して警察は、捜査ミスなどでどちらか、あるいは双方が不起訴や無罪になって逆に国賠訴訟を起こされる事態を最悪の展開として警戒していた。

「五〇年近く前のことなので経緯は分からない」と繰り返し、当事者としての関わりを避けようとする京都市と、それに憤る京都府警。両者の関係は最初のうちは上手くいっていなかったようだが、刑事事件化の段階で京都市の態度は一転する。担当者が検察庁で聴取を受け、たった二日で唯一の調書が作成された。調書は、いかに担当者が地元からの抗議に真摯に対応し、学校側に言うべきことを言ってきたかを詳述した上で、当時、役所に殺到した抗議や批判を市の立場への無理解と批判。そして在特会も問題だが、そもそもは近隣の変化や公園の縮小に対応してこなかった学校に原因があるとする内容だった。略式起訴のストーリーラインそのものだった。「調書を巻かせない」と府警幹部を嘆かせた態度から一転、京都市は検察にとってこれ以上ない模範解答を提出した。この間に何があったのだろうか？

京都市の「在特会対策」は露骨だった。この年、二〇一〇年の秋、市は学校側に、南門の真正面にある公園の入り口に設置してあったカーブミラーの撤去を求めてきた。このミラーは校舎から公園に飛び出す子どもたちの危険を減ずるために、学校側が自腹で設置したものだった。市が撤去を打診したのは事件から一年目の節目が近づいているがゆえだった。「在特会側」にとって刑事事件化した一二月四日の街宣は、「人間として恥ずかしい行為」ではもちろん、ない。半世紀以上も公園を「不法占拠」し、やりたい放題だった「不逞鮮人」から「国土」を「奪還」した記念日である。この日を「寿ぐ」者たちにとって、逮捕された四人は「義士」だった。その「一周年」に向けて注目が高まれば、設置されているミラーに在特会側が目をつけ、それを「黙認している京都市」に対して批判が向くのを恐れたのだ。学校側は、子どもの身に危険が及ぶと説明し、取り外し要請は収まったが、焦って地金が出たのだ。京都市にとっては子どもの安心・安全より、在特会の批判をかわす方が大事だったととられても仕方ない。

様変わりした公園

一方で、問題となった公園の形態も大きく変わった。工事着工前、終了後の姿に対する保護者の問い合わせに対して市は、「着工前とほぼ同程度の機能を有する形態に復旧する予定」と文書で回答していたが、事件後、図面は分かっているだけで二度、描き直された。事件後にまず出てきた青写真はまったく違ったものだった。市が「いろんな住民の要望を聞いて」作成したという図面は、公園を遊歩道で南北と東側に三分割し、平場にした北側を固定ベンチと植え込みで二区画に分けた上、遊歩道の南側に巨大な築山とジャングルジムや雲梯、滑り台や砂場を設け、東側にブランコなどを設置したデザインだった。

南側で球技をできなくしたのは、地元の子ども(朝鮮学校生だけでなく)が蹴ったサッカーボールが家屋に飛び込んできたことへの隣接住民からの苦情を受けたという(「不法占有」とされたサッカーゴールは、第一初級の児童、生徒だけでなく、地元の子どもたちも使っていたのだ)。そして市作成図面の「目玉」は植え込みと固定ベンチによる平場の分割だった。

襲撃事件後、市に対して相次いだ「占有黙認」の批判を受け、市は公園をいくつかの区画に分け、「占有」の抗議には、「公園内の一区画を使っているだけ」と反論できる構造にしたのだ。移動式でなく固定ベンチにしたのもそのためだが、子どもが夢中で駆ける場所では危険極まりない。ボールが飛び出すことなどを理由に、北側での球技禁止を打ち出そうとした市に対し、学校側や地元は（家屋に面していない）南側を平場にしてボールを蹴られるようにしてほしいと要求し、市は南北を入れ替える形で図面を再作成、最終的には高速道路の橋脚下に平場ができた。その際に設けられた看板には「サッカー、野球」を名指しで禁じる文言があったが、学校と地元の要望でその上にシールを貼り、「危険な球技」に書き換えた。朝鮮学校のみならず、自治会役員の目にも、京都市の「守り」は「やり過ぎ」に映ったのだろう。

書き換えられた公園の看板（2013 年 6 月 10 日）

　二〇一一年九月、公園はリニューアルされた。だが、狭く、平場にも固定ベンチがある造りでは短距離走もできない。「原状回復」は反故にされた。すでに授業のカリキュラムを組んでいたが、従来のように公園を使うのはきわめて難しくなった。一方で、「近隣住民」による「監視」は続いていた。授業で公園を使うと、「占有を黙認しているのか」などの批判が市になされ、そのつど、市から学校側に対し「苦情が入っている」とのクレームが来た。都市公園法違反に問われたのはサッカーゴールやスピーカーなど私物の設置だったが、授業までをも「占有」と見なす批判もあった。公園で行われていたのは小学生の体育の授業である。しかも地元の子たちとかち合うのを防ぐため、基本的に体育の授業は平日の午前中に充てていたのだ。なぜそこまで目くじらを立てる必要があるのだろうか？　前述したように、事件当時でも京都市立小中計五校は、早い学校では一九四〇年代から近隣の公園を運動場に使っていた。ましてや第一初級に校庭がないのは、一九四九年に市が行った追い出しの結果なのだ。なぜ朝鮮学校は駄目なのか。それはレイシズムではないのか?

跳び箱などの道具を公園に置いたり、地面に石灰でラインを引く行為も「占有」と批判される恐れがあった。子どもたちは講堂や中庭で跳び箱を飛び、河川敷で五〇メートル走をした。「河川敷の直線しか走ってないから、今も二〇〇メートル走をしたらコーナーをちゃんと走れないんですよ」。事件当時、息子が第一初級に通っていたあるオモニは自嘲する。サッカー部に所属していた息子が、「ボールを蹴れずに走ってばかりいるから、ぼくは陸上部」と自棄気味に語るのを聞き、「いたたまれない気持ちになった」と語るオモニもいる。後に第一初級は第三初級と統合、移転し、京都朝鮮初級学校となった。今はそこで副校長を務める金志成は言う。「マラソンや体力測定的なことをやると、あの時の第一初級生は第三の子より基礎体力がないんです」

公園を使いにくくなったのは、授業だけではなかった。不審者警戒で教師が付かないと公園に出ることを原則禁じていたのは前述した通りだが、休み時間にすら公園に出にくい空気ができていた。休憩時間にも中庭や廊下で一輪車に乗る。すぐにぶつかり喧嘩も絶えなかった。一輪車や三輪車など当時の遊具には泥や砂が付いていない。外で遊べなかったからだ。あるオモニは言う。「廊下で鬼ごっこをしたり走って遊ぶから、先生によく怒られて立たされたりしてましたね。ぶつかって喧嘩になることも多かったみたいです。ある日、迎えに行ったら、公園に出て遊べないから、草の葉っぱを使って中庭で蟻を釣ってたこともありましたね。目いっぱい遊ばせてやれないのが可哀そうでした」。教育の場としての体をなさなくなっていた。同時に、従来からあった移転計画が現実味を帯びていった。

破壊された地域との関係

二〇一一年四月二一日、襲撃の中心メンバー四人に対して懲役一年から二年、いずれも執行猶予四年の有罪判決が下された。一人が大阪高裁に控訴したが、半年後に棄却され、確定した。民事訴訟の行方に大きな影響を与える結果だった。その民事訴訟の弁論も進み、これが法的責任をめぐる闘いであり、「朝鮮学校と在特会の大義のぶつかり合いではなく、あくまで在特会らによる犯罪行為」（金尚均）であることが公の場で証明され始めていた。だが、一方で、学校をめぐる状況は日を追うごとに悪化していった。地域社会における朝鮮学校への眼差し、すなわち「騒動の原因」としての認識は消し止められないどころか、ますます酷くなっていった。「次があるかもしれない」——。この恐怖は、学校関係者のみならず、地域の人たちも当然、持っていたのだ。

京都市は傍観者だった。ここにきて都市公園法を持ち出し、法律上、問題があるかもしれないことを理由に関わりを避けた。管理者として従来通りの使用を認めてほしいとの要望に対しては、「地元の了解を得て、自由使用の範囲で使ってください」と繰り返した。

「公園を管理する市として間に入るなり、事態の収拾に乗り出すつもりはなかったのか？」。京都市の担当者に聞くと、ぴしゃりと答えた。「あり得ませんよ、そもそも都市公園法に抵触する可能性がある行為ですから。それにあちら（朝鮮学校）が近隣に増えた新しい住民への対策をしてなかったのは事実なんですから」

差別煽動に乗るとは、在特会のヘイトデモの列に加わって、聞くに堪えない罵詈雑言を唱和したり、襲撃行為を記録した動画サイトの映像に快哉を叫んで書き込みを加えたり、カメラを手に学校周辺を徘徊することばかりを指すのではない。かつて陶化小から朝鮮人学校を追放した京都市は、結果的にまたしても朝鮮人たちの自主教育の環境を潰しに回った。さらに言えば、自らへの批判をもたらす「厄介者」である朝鮮学校を切りに回ったのだ。京都市は、在特会らの差別煽動に乗ったのだと言えよう。

幾度も街宣を受けた朝鮮学校を、被害者ではなく、むしろ市への批判をもたらす存在と見なして忌避していく。被害者が加害者とされていくのは、差別煽動によく見られる倒錯である。前述した、徳島県教組襲撃事件でも、教組が入る教育会館では、県教組を「疫病神」のように言う者がいた。上部団体である連合幹部の中にも「要らんことをするから（在特会から反発を買う）」と公言する者もいたという。

被害者であるはずの学校を一連の騒動の原因のごとく見なしたのは、京都市だけではなかった。「事件で最も辛かったことは」との問いに高前校長は次のように答えた。「たった三度の街宣で、積み上げてきた地元との関係が揺らいだ。本来は被害者なのに、これまで協調してきた地域で『学校があるからあんな連中が来るんだ』と思われてしまった」

最初の差別街宣では、襲撃者らに意見して、逆に罵声を浴びた近隣住民もいた。また事件直後は、動画に煽られて学校を観察に来た者たちを近隣住民が誰何する場面もあった。餅つき大会の時には、「大変やったな」「がんばりやぁ」と声をかける人もいた。だが、学校側による刑事告訴や街宣禁止の仮処分も意に介さず強行された度重なるヘイトデモや、学校の公園使用を問題視して市や警察に執拗に通報した一部住民の敵意は、地域における朝鮮学校の位置づけを微妙なものにしてしまっていた。

校長、教務主任をはじめとする教員たち、そして少なからぬ保護者、さらには近隣に暮らす同胞たちにとっては、そこにグラウンドとして使える公園があるのが当然だった。毎日のように公園を駆け回り、運動会、夏祭り、バザーと、四季折々の恒例行事をそこで楽しんできた。自らの幼少期をそこで過ごした者たちにとって、目の前の公園が遠くなるのは、とりわけ胸が痛い変化だった。

何度目かの取材の後で、金志成と酒を呑んだことがある。同僚たちに「怖いかもしれないけど、教師は学生（児童生徒）をいちばん守らなければいけない位置に立っています。まず学生を安心させて行動してください」と言い、自らの言葉を率先垂範してきた金である。インタビューでも、辛かったことや不安や怒りが喉元にきたのを押し戻すさまを何度も見てきたが、酒が入ると徐々に胸中を吐露し始めた。

彼にとっての痛恨事は、この地域との関係の破壊だった。「何よりも三回の街宣は地域と築き上げてきた関係を無茶苦茶にしました。それから移転問題でした。本来、一世たちの思いを受け継いできた第一初級の移転は、同胞社会はもちろん、地域の広範な理解を求めながら進めるはずだったのに、彼ら在特会らの動きを気にして進めなければいけなくなったんです」

実際、第一初級襲撃事件の実行者らは、二〇一二年四月、伏見区の新校舎建設予定地にも現れて「関係者以外立ち入り禁止」の警告を無視して敷地内に入り込み、その模様をも動画サイトに投稿している。建設工事に目処《めど》がつき、移転、開校が具体的になると、その新校舎周辺の一部住民から反発の声が上がった。事件の風評はメディアを通じて伝わっていたし、ネットに「京都朝鮮」と入れれば悪意に満ちたブログがズラリと並ぶ。しかも在特会側の映像がいくらでも閲覧できる状態なのである。学校関係者は教科書を手に教育内容を個別に説明して回った。事件が重い石のように圧しかかっていた。そこで一部住民から言われたのは「あんなん連れてくるんやないの」「南区にいててくれたらよかった」だった。

閉鎖、そして移転へ

二〇一一年九月、高速道路の工事が終わり、リニューアルした後の公園使用についての学校と地元代表との話し合いがもたれた。金志成も参加し、意見を述べた。「従来通りに授業で使わせてほしい」。学校側の要望に地元自治会は「自由使用の範囲内で」と繰り返し、地元としての了解は得られなかった。「空いている時は従来通り授業で使えばいい」。この一言を地元住民が公言し難い空気が作られていた。

もともと第一初級の移転計画はあった。児童・生徒の減少をにらみながら市内の他校と統合し、伏見区の醍醐に建設される新校舎に移転する段取りだった。とはいえ資金の問題や、中高級学校も含めた移転規模など検討すべき課題は多く、具体化はまだまだ先の話だと受け止められていた。しかし「将来の話」は、事件に続いた京都市の豹変《ひょうへん》と地元での「迷惑施設化」で一気に加速した。

「そもそも教育環境が整っていない。移転してよかった」と言う人もいれば、「あれがあったから移転が早まった。その意味では事件に感謝してる」と言う保護者もいる。だが、少なからぬ保護者の間にはやり切れない思いが渦巻いていた。金義広は言う。「個人的には第二（右京区）も含めて統合、移転すれば財政的にはいいと思っていましたけど、理由は納得がいかなかった。財政とか施設とか言いますけど、結局は在特会のデモがあって、地元との関係も難しくなって追い出されるように出るしかなくなったということ。先人の思いが詰まった第一の歴史をあまりになおざりにしているんじゃないかと」

他県出身の教師の鄭由希は苦しい胸の内を語る。「集住地域のシンボル的な学校で、親御さんの中にも卒業生が多いわけです。こんな形で自分たちの母校、言い換えると帰る場所がなくなることへのやり切れない思いも分かる気がしましたし、教師としては子どもの教育環境ではないという実感がありました。辛かったです」。民事訴訟の支援団体「こるむ」の事務局長、山本崇記は述懐する。「運動をするなかでいちばんショックだったのが第一初級の閉鎖でした。民事訴訟での勝訴と第一初級の存続は『こるむ』の活動でいえば車の両輪だった。ぼくらも学校を守ろうと思ってやってきたんですけど、その一方が裁判の途中で閉鎖になったわけです。しばらくは茫然としていましたね」

京都朝鮮第一初級学校では最後となる卒業式．金志成校長(手前)の挨拶は涙で何度も途切れた(2012 年 3 月 18 日)

最後まで抵抗したのは朴貞任だった。地域の住民として認められて、地域の風景として溶け込んだウリハッキョを再構築しようと、他のオモニたちと一緒に遮二無二走ってきた彼女にとって、「地域の一員」としての権利を否定、いや自ら放棄するような形での閉鎖、移転は耐えられなかった。「学校がなくなることが現実化した時が、いちばん怖かった。地域の一員として、公園を使う権利はあると思っていた。原状回復の約束を反故にされて、『そもそも権利がない』なんて納得していいのって。運動場がない学校でいいの。それって白旗やんって。『もう醍醐(新校舎)が進んでるから次に』っていうのが納得いかなかった。いろんなことをうっちゃっていいのって。指の間から水がこぼれていくようだった。あんな無力感を感じたことはなかった」

第一初級は二〇一一年度末で第三初級と「京都朝鮮初級学校」として統合される形で、まず第三初級のある京都市北区に移転した。この段階で勧

最後の卒業式が終わり，子どもや肉親らは名残を惜しんだ（2012年3月18日）

進橋の校舎は閉鎖され、二〇一三年春、「京都朝鮮初級学校」は伏見区の新校舎で再スタートを切るという方針が、二〇一一年九月、公表された。官憲からの弾圧と差別のなか、京都朝連七条国民学院からの流れを引き継ぎ、先人の思いが染み込んだ学校の歴史は、思わぬ形で幕を引いた。在特会の妨害を意識して移転は水面下で進められた。新校舎への莫大な経費を考えれば大規模なカンパ運動にも取り組むのが当然だったが、それもままならなかった。何よりも六〇年間、集住地域に根差してきた学校の閉校に際して、セレモニーの一つもできなかった。

二〇一二年三月一八日、最後の卒業式に立った金志成校長の挨拶は涙で何度も途切れた。卒業式で泣いたのは教員生活で初めてだった。

「本来ならお世話になった近隣に挨拶して出て行くはずが、それすらままならなかった。移転に泥を塗られたんです。まるで夜逃げでしたよ」

8 法廷——回復の場、二次被害の場

二〇一三年六月一三日午後、京都地裁で襲撃事件をめぐる民事訴訟の一八回目、最後の口頭弁論が開かれていた。二〇一〇年九月一六日の第一回口頭弁論から三年弱、大法廷（八六席）は満席だった。最後の陳述をしたのは弁護団の一員、具良鈺《クリャンオク》（一九八二年生）。彼女自身、第一初級の出身である。

「朝鮮学校は、私たち在日コリアン児童にとって、心から安心できる場でした。朝鮮学校は、同じ出自をもち、同じ悩みや苦しみを共有できる者が集い、ありのままをさらけ出すことができる場です。社会の目を気にすることもなく、自己の人格形成に専念し、民族的自尊心を育むことできるのです」。第一初級出身である彼女は、原告側代理人であると同時に被害当事者でもあった。話は彼女が初級学校六年の時の、幼い目に焼き付けられたチマチョゴリ事件へと及んでいく。緊急の全校集会、校長や教頭の物々しい様子。教師や親が繰り返していた「朝鮮人であることは悪いことではない」「一部、悪い人はいても多くの日本人はいい人」という言葉と、校門の中と自宅以外の世界で遭遇する現実、そしてマスメディアの報道との乖離への不信感、中学に入って着るのを楽しみにしていたチョゴリの制服が着られなくなるかもしれない怒り、毎日、何かあるかもしれないと思いつつ子を送り出す親たちの不安、子どもが危険にさらされるなら、いっそ朝鮮学校に通わせなければよかったのではとの思い——。

あの時と何が変わったのか。少なくとも「改善」の方向ではない。匿名の者たちが女子学生をこっそりと襲ったチマチョゴリ事件から二〇年近くが経った現在、日本では少なからぬ者たちが堂々と実名を名乗り、口にするのもはばかられる罵詈雑言を吐き散らし、暴力そのもののデモを繰り返している。法廷では、具良鈺の真向かいに座る、被告の在特会副会長が薄笑いを浮かべる一方で、傍聴席のあちこちから、具の証言に自身の記憶を蘇らせて鼻をすする音が聞こえ、何人かは肩を震わせていた。

第一初級出身の弁護士

差別街宣を三度に亘って強行したのみならず、事件を朝鮮学校への攻撃として報じた報道各社や、さらには批判声明を出した京都弁護士会にまで抗議街宣を実行した在特会ら。彼らに対する法曹関係者の衝撃度は、最終的に一〇〇人にまで膨れあがった大弁護団の規模でも分かる。

その民事訴訟で、最初と最後に意見陳述をしたのが、第一初級の卒業生である具良鈺だった。具は在日朝鮮人三世として、京都府宇治市伊勢田にある全国有数の朝鮮人集住地区、ウトロに生まれた。ここは一九四〇年代、国策会社によって建設が進められた軍事飛行場建設工事で、募集された数百人もの朝鮮人労働者たちを住まわせた飯場跡を起源とする。戦後、土地が私企業に引き継がれたことで「不法占拠」とされた約二・一ヘクタールの土地には、解放後、慶尚北道出身者を中心に多くの朝鮮人たちが寄り集まり、住民のほぼ一〇〇%が朝鮮人という独特のコミュニティを形成してきた。西日本における朝連の有力拠点の一つとしても知られ、隣接する接収地に進駐していた米軍や、日本の官憲からの弾圧と抵抗が繰り返された。かつては集落の入り口に「犬の出入りお断り!」との看板が立っていた。もちろん四本足で歩く「犬」のことではない。当局の「イヌ」のことだ。

高度経済成長を経て、全国各地の朝鮮人集落が立ち退きや分散で消滅していくなか、漸減しながらもウトロの共同体は維持され続けた。長く強制立ち退きの可能性と隣り合わせだったが、韓国政府やNGOを巻き込んでの運動の結果、住民側が地区の一部を買い取り、土地問題は新たな局面に入っている。地区に公営住宅を建てて住民が移り住むのが基本プランだが、襲撃事件の主犯らはこのウトロに対しても、公金投入に断固反対するなどとしてデモを繰り返していた。

具良鈺は日本の幼稚園から第一初級の幼稚班に移った。最初は分からなかった言葉もほどなく覚え、「繭の中」のような空間で守られて育った。「自分が日本社会で生きている理由や根拠をいちいち説明しなくてもいい。面倒くさいことが一切ない『ぬるま湯』かシェルターのような場所。自分の中核そのものです。今だって自分が朝鮮籍であることとか、いちいち説明したくない。言ってもがっかりすることが少なくないですから。でも朝鮮学校ではそれが省略できる。『温室』といえばそうですけど、人格がフニャフニャの時くらいはいいと思うんです」

朝鮮語では子音で終わる名前の後に「イ」の音を付けて愛称とする。具良鈺でいえばリャンオギ。第一初級の同級生にそう呼ばれた時、具はどこにいても「故郷」に戻るという。「幼稚園でも(日本人の保育士さんから)ギーちゃんと呼ばれてたんですけど、何か違和感というか『呼ばんといて』みたいな感覚を持ってたのを覚えてますね。スーパーでギーちゃんって母に呼ばれるのも恥ずかしかったし、お布団で昼寝する時も、布団の端の自分の名前を隠して寝たり」

京都朝鮮中高級に進学した。初級時代から楽しみで仕方なかったのは、中級の段階で始まるチマチョゴリの制服での通学だった。それまでも着たことはあったが、制服を着ている自分を想像すると喜びで夜も眠れなくなった。「中高《チュンゴ》のチョゴリはプリーツが細いんです。それを毎晩、寝押しして線をぴったりと合わせる。あれはもう命がけでした（笑）。翌朝、綺麗に線が合ってれば『今日も一日がんばろう！』と思うし、ずれてたら『今日は朝からブルー』みたいな。チマチョゴリは『誇り』でした」

在日朝鮮人のエスニシティやアイデンティティなどを研究する韓東賢《ハントンヒョン》によれば、教職員や生徒の自発的な着用が増えることを受ける形で、チマチョゴリは一九六〇年代前半に制服化されていった。

それは「朝鮮戦争」が休戦し、朝鮮総連が結成され、その下で弾圧後の教育事業が整備されていき、朝鮮からの教育援助費が始まった時期に連なっていた。だからといって「ナショナリズムの象徴」としての側面ばかりを強調したり、あるいは女性だけが民族衣装を制服として着用していることをもって「女性抑圧の象徴」のように批判するのみでは、韓が言う「在日朝鮮人女性の自律的なエイジェンシー（主体性）」も、具の語る「誇り」も見えてはこないだろう。

一四歳の春、具はそのチマチョゴリ制服を目印に暴力を振るわれ、この国で朝鮮学校生であることの意味を実感した。いつものように通学電車に乗り込もうとすると、列の真後ろから「朝鮮人のくせに先に乗るな」との怒号と共に、髪の毛をつかまれてホームに引き戻された。入れ代わりに前に乗り込んできたのは、白いカッターシャツを着た白髪交じりの中年男性だった。恐らくは通勤途中だったのだろう。小柄で華奢な女子学生なら反撃もされないと思い込み、具を狙って「憂さ晴らし」をしようとしたのかもしれない。だが、具は逆にその男の腕をしっかりとつかみ、「駅長室に行きましょう！」と叱責した。

「そのまま駅長室に突き出しました。『あなた、私がなぜ日本にいるか分かってるんですか』とか、朝鮮学校や親から教わってきた在日の歴史とかを『ぐわーっ』と目いっぱいにまくし立てましたね。そこでは駅長も男性に対して『あなたが悪い』と叱責してくれました。学校の先生や親が言ってることの正しさを立証できたみたいな感じでしたね」。何事もなかったかのように登校した学校では、その「武勇伝」を学友たちや教師に語り、帰宅後は母にも報告した。「『偉いやろ！　強いやろ！』って」

高級学校を卒業するまでの一二年間、朝鮮学校で過ごし、大阪市立大の法科大学院に進学した。司法試験に合格、司法修習を終え、弁護士登録して最初の事件がこれだった。初回の襲撃予告は彼女の耳にも入っていた。弁護士間のメーリングリストで襲撃が実行されたことを知った。だが、学校側が事態を知らせるために編集した七分ほどの動画をすぐには観られなかったという。「一週間くらいは無理でしたね。でも私はこんな差別を許さないとの思いで弁護士になったわけです」

意を決し、深夜に両親が寝静まった後、恐る恐る動画を観た。一気には見られず、何度も何度も一時停止した。涙がとめどなく溢れ、握っていた拳が震えた。胸中に沈めてきた記憶が溢れ出してきた。政治情勢が悪化するたびに、全校集会が開かれたこと、チマチョゴリでの通学を控えようとする教師たちに級友たちと泣きながら抗議したこと、刺すような視線を意識しながら電車通学したこと……。

一方的に罵詈雑言を浴びながら、在特会らと対峙している青年たちの中には、朝鮮学校時代の同級生もいた。「ヤンチャな子だったのが、じっと耐えて、彼らを止めようとしている。こんな形で再会するなんて辛かった」。繰り返すが、罵詈雑言の限りを浴びながらも耐えた大きな理由は、それが「敵」の似姿になってしまうからだ。「敵」と同じに堕した自分たちの姿を子どもには見せたくないがゆえだった。今でこそ具は、「裁判で学ぶなかで、あれこそがとり得る最善の手段だったと思う。憎悪の連鎖を止めるにはあれしかなかった」と、その思いを「理解」している。だが最初は、罵倒されっぱなしの同胞男性たちにも腹が立った。怒りのやり場がなかったのだ。それは具だけではなかった。卒業生でも保護者でもない私でさえ、あの動画を観る時は、校門が内側から開き、映画『パッチギ！』のように、屈強な若者たちが襲撃犯たちを徹底的に叩きのめす場面を夢想してしまう。学校と何かしらの関わりを持つ者たちが、動画を観ながら、いかにパソコンの前で歯ぎしりをしたかは推して知るべしだろう。

その一二月四日の事態がマスメディアでほとんど報じられなかったことも、具にはショックだった。

「中華学校やインターナショナルスクールだったら『子どもを守れ』となるはず。『朝鮮学校だからそういうことされても仕方ない』くらいに思われてるのか。日本社会の朝鮮学校への理解度はこの程度なのかなと。在特会の朝鮮学校への認識は、もっと社会に浸透してるのかなって」。具の中でそれは、すでに何年も前からなされていた差別街宣が、第一初級襲撃からおよそ三年を経た二〇一三年春以降に急に社会問題化し、まるで「流行語」のようにマスメディアに上り、社会問題化した事実ともつながっている。「学校にテレビ取材が入った時も、まず職員室のチョサンファ(肖像画)を映して、そこからカメラが引いていって、教師や子どもが入ってきて教室全体が収まるみたいなカメラワークがありますよね。共和国から総連、学校とつないでいく発想です」

やり場のない怒りと悲しみに続いたのは「合理化」だった。起きた事態を、それ相応の理由があるものだと思い、納得しようとした。「『学校側も言われても当然や』と考えようとした。真逆に振れたんですね。襲撃は酷いけど、こちらにも襲われてしかるべきの落度があったと必死で考えよう、思い込もうとしてた。もう学校がつぶれてもええわ、みたいに」。司法修習の同期生に襲撃の動画を見せたこともあった。「見せながら『まあ襲った連中も無茶苦茶だけど、それも仕方ないわ』なんて笑ってましたね。逆に同期が『こんなん絶対に許されへんやんか!』と怒ったり、『こんな連中はいるけど、気にしたらアカンで』なんて慰めたりして」

自らにとってのシェルターであり、ぬるま湯のような故郷が踏みにじられた事件を、逆に笑いのネタにする。考えられない不合理な差別に対して「合理的」な理由づけをして、「理解」することでさらなる心的ダメージを防ごうとする。そんな状態は二〇〇九年の年末から年明けにかけて続いた。前述したように、保護者の中にも同様の傾向はあった。さすがに「笑いのネタ」にする人はいなかったが、「こちらにも落度はあった」的な発言は何回も聞いた。「朝鮮人」であることを「理由」にあれだけの罵詈雑言を浴びせられた者たちが、その原因を「選べない出自」ではなく、自分たちの努力によって回避することも可能だった事柄に見つけようとするのは、自身を守るためだったのだろう。あれほどの不条理に対して自らを保つためには、何か合理的な「理由」を見つけなければ持たなかったのだと思う。

その時期にメーリングリストで流れてきたのが、金尚均からの弁護団加入の呼びかけだった。

「『このために弁護士になったんだからやらなきゃ』と思う一方、『あの事件には関わりたくない』とも思ってました。書面を読み書きして被害者に聴き取りして、法廷で活動する。卒業生でもある私が事件を代理人として扱うのは嫌でしたね。こんなに傷ついたのに、何で引き戻すのって。この事件、大きくなっていくのかなって。実は事件後は私、このまま終息しないかなと願ってたんです。あれは夢の間に起こったたった一度の間違いだと。それで終わって二度と話題にしんといて、みたいな」

躊躇しながらも弁護団に参加したのは、「子どもに二度とこんな思いをさせたくない」との思いゆえだ。だが気持ちは混沌としていた。「一月、二月は自分の腰が重たかったことを覚えてる」

だが、在特会らの学校に対する攻撃は続いていた。刑事告訴、仮処分、間接強制、民事訴訟……。弁護団は次々と法的対応に追われていく。そのなかで、どこか距離を取っている自分がいた。弁護団会議で議論が白熱しても、別の場所から「ああ、何か言ってる」と突き放していた。思い出したくもない複数の「あの時」に引き戻される書面を読むのも辛かった。民事訴訟の提起についても、「えっ！本訴するの！」と思っている自分がいた。「だからこそ当時のことは強く憶えてます。『権利』なんて言えるの？　とか、こっちにも落度があるんじゃないの？　とか、整理がつかなかった」具にとって裁判とは、自分と自分たちの正当性を確認し、心の傷を吐き出し、回復へと向かう過程だった。それは保護者や教師たちとも共通する部分だった。

さまざまな困難

民事訴訟のポイントは「民族教育権の保障」と「ヘイトスピーチの不法性」だった。朝鮮学校における教育は、ホスト国政府や自治体の胸三寸でどうとでもなる「恩恵」ではなく「権利」であること。そして人種差別撤廃条約に加盟しながら「差別は犯罪ではない」とされる日本で、「差別の不法性」を判決に書き込ませる。三権の一つであり、制度的には「最後の砦」である司法にその規範を示させるという、志の高い闘いだった。だが原告たちは、訴訟で「明確な敵意」と「向き合う」困難さにいきなり直面することとなる。

まずは原告を誰にするのかという問題だった。学校が街宣にさらされて、教育権が侵害された。誰の？　言うまでもなく子どもたちの権利である。「素直に考えれば子どもを原告にした方が分かりやすいですが、保護者や先生方はやはり絶対反対でした。当然ながら、裁判の書面は相手に渡るわけです。名前から住所まで個人情報を相手に渡すわけにはいかなかった。陳述書にしたって相手に渡る」。冨増四季弁護士は語る。訴えられた側からすれば、どこの誰に訴訟を起こされているかは当然、知っておかねばならぬ情報である。そこで原告にしたのが、運営主体である京都朝鮮学園だった。

第一回の口頭弁論で、代理人であると同時に当事者である具良鈺が意見陳述をすることになったのも、その流れだった。子どもに陳述をさせるわけにはいかない。ならば代理人でもあり、少し前まで在学していた具の証言が裁判官に届くのでは、との見立てだった。引き受けてはみたものの、具の心中は揺れ動いたという。

「そもそも、語れば自分の傷が開きます。それに私の経験はひけらかすものではないと思った。いろいろとしゃべって『お涙頂戴』みたいに思われるのも心外でした。そもそも私、『差別』『差別』っていうのが嫌いだった」

それでも初級時代の思い、日本で朝鮮にまつわることが報道されると公園で全校集会が持たれ、校長先生たちが緊張した面持ちで語っていたこと、小さな眼で見た親や教師たちの怒りや不安を陳述書に綴った。だが、自らの経験にもかかわらず、その語尾は「でしょう」や「はずだ」など、推量を示す言葉で結ばれることになった。法廷は相対する立場の者が自らの経験や思いをさらし、そこに批判や解釈が加えられる場だ。それによって、さらに傷つけられることを恐れていたせいかもしれない。

揺れる胸中で臨んだ第一回口頭弁論だった。陳述に立つと涙が出た。「自分の経験が浮かんできて、同時に親や祖父母、コミュニティのことも思い起こされて。書面を読み上げているうちに、その内面の揺れが『これは絶対に繰り返させへん』って決意に変わった」。だがその後も気持ちは揺れ続けた。「自分たちに問題があるのでは」「(自分たちに)『人権』とか言う権利があるのだろうか」――。具は「正当性」を求めていた。

同時に弁護団が取り組んでいたのは、被害実態を裁判官に伝えるための陳述書の作成だった。一人ひとり担当を決め、当時の教員や保護者に話を聞いて書面にする。そこで弁護士たちが直面し、困惑したのは、ことさらに「揺れ」や「弱さ」を見せまいと気丈に振るまう教師たちの姿だった。豊福誠二弁護士は、原案ができてきた時の困惑を振り返る。

「あれだけの事件に出くわしたのに、先生たちは『私は全然大丈夫です、もう何も問題ないです』と繰り返すわけです。最初はものすごく生々しい、ぶっちゃけ迫力のあるルポルタージュみたいな陳述書が出てくると思ったら、何かまるで、冷凍食品を解凍したみたいなのが集まった」。質問の仕方が悪いのか？　とも考え、やり直してもみたが結果は同じだった。「陳述書を採りはじめた時、すでに事件から一年近い時間が経っていました。おそらくあの出来事から心理的に自分を守るプロセスを経ていたのかもしれません。内面にそれ以上、手を突っ込むわけにはいかないし、作文するわけにもいかない。でも代理人としては困りました」

自らが気持ちを強く持ち、毅然と振るまうことで内面が崩壊するのを防ぐ。幼い具良鈺が中年男性から髪の毛をつかまれた時のように、被差別経験を受けた人たちに共通の現象がここにもあった。冨増四季弁護士は、そこに少なくとも三つの要因が垣間見えたという。「推測ですけど、もし自分が『怖かった』とか言えば、それでなくても不安を抱いている保護者や子どもとの信頼が揺らぐわけです。先生同士でも『強い』部分を見せないと、自分が『弱い』となってしまうとの思いもうかがえましたね。何よりも『大丈夫、こんな問題、たいしたことない』『自分さえしっかりすれば乗り越えられる』くらいに自分を強く持たないと、あの理不尽のなかで自らを保つことはできなかったでしょう」

自己肯定の回復と二次被害の間を揺れ動いたのは、毎回のように傍聴に来ているオモニやアボジたちも同様だった。オモニ会役員の一人は第一回の口頭弁論の光景を憶えている。当時は在特会らの支援者も一定数が傍聴に来ていた。学校側からも「常に複数人で行動し、絶対に挑発には乗らないでください」と言われていた。

衝突を恐れる裁判所も、原告、被告双方の支援者を別々の場所に集合させるなど、物々しい状態の中で開かれた裁判だった。彼女はだだっ広い法廷での緊張感を思い出す。「ついに来てしまったって。裁判なんてテレビの世界だったのに、私らが権利を主張するには、こんなとこに出ないとダメなんだなって。スーツ姿の弁護士さんが次々と入ってきて、何か非現実的な風景だった。具先生の陳述が始まったらみんな泣き出して。なぜか私だけ泣いてませんでしたけど(笑)」。近くにいたオモニは、「小さい時に『チョーセン、チョーセン』と言われた体験を思い出した。なんで三、四〇年って差別が続いてるんだろうって思った」と言う。自身がチョゴリを切られたり、チョゴリ姿の級友が通学中に殴られたり暴言を浴びたことを思い出したオモニたちもいた。何かあるたびに頻発した朝鮮学校生、それもチマチョゴリ姿の女子生徒を狙った暴力事件の数々は、ほぼすべてが未解決のままだ。法廷はオモニたちを子ども時代の恐怖へと引き戻した。

忙しい仕事の合間を縫って弁論を傍聴してきたアボジ会の李《リ》隆一《ユンイ》（一九六七年生）は言う。「今は『守ってくれてるから大丈夫』としか子どもに言えないけど、将来はちゃんと説明したいじゃないですか。だから裁判の結果はしっかりこの目で見届けたい」

緊張の中の証言

自分たちの「正当性」を確認したいとの思いは、傍聴にとどまらない。引き戻される経験をしつつも、法廷で証言した関係者たちについても、大きな思いはそこにあった。金志成もその一人である。

バイタリティ溢れる教育者である金は、一方で極度の緊張症である。被告側代理人からの挑発質問も予想される法廷での尋問には必ずしも適任とは言えない彼が、それでも自らを鼓舞して法廷に立ったのは、あの街宣の時に堪えた反論を公の場で行うと同時に、「朝鮮人であることは悪くない」「自分たちは間違っていない」ことを子どもたちに伝えたかったからだ。三度に及ぶ街宣の衝撃と、「存在が全否定される」言葉を「止めることができなかった無力感」と、それを黙認した警察、ひいてはそれを許した日本社会への失望。対応に追われ、本来、やるべき教育ができずに何人もの子どもを卒業させてしまった無念。崩壊していく地域との関係。そして国庫からの補助もなく、設備も十分ではない学校に、それでも子どもを通わせる保護者たちの負担が事件で一層、増していること——。

金自身、日本の幼稚園でいじめられ、初級から通い始めた朝鮮学校で自己肯定感を涵養したという。四人の子どもを朝鮮学校に通わせた親の負担も子どもながらに見てきた。

塩辛い声で時に早口に、時に声を詰まらせながら語った金は、「裁判所に言いたいことは」と弁護士に聞かれると、一瞬間を置いて答えた。「『こんなとこ学校ちゃう』と(彼らは)正当化してるんですけど、朝鮮人が朝鮮の文化を習っているというだけの学校なんですよ。言葉だからいいんじゃないし、言葉だからこそ残る。これまで学んできたことを全否定された傷は私たち教師でも残っている。早くこれを解決して、『二度とこんなことは起こらないんだよ』ということをちゃんと伝えたい。子どもらも、遠い所から送っている保護者の方にも」

ここは学校であり、自分たちのやっていることは正当なことであると公の場で訴える。その思いは、被告側弁護士による反対尋問への答えにも現れていた。帰国前提の政治教育に重きが置かれていた数十年前の朝鮮学校についてのいわゆる「告発本」や、出所不明の「風聞」を持ち出して、朝鮮学校の教育を「個人崇拝の洗脳教育」などと印象づけようとする相手方弁護士の質問に対して、金は言い放った。「いつの時代の話なんですか?」「そんな教育をしてたら保護者が子どもを通わせるわけないじゃないですか? 朝鮮学校に来たことあるんですか? 来て、実際に見てくださいよ、朝鮮学校の教育を」。あの時、子どもの前で罵詈雑言に耐えた金が、公の場で、これだけは言いたいと胸中で繰り返していた一節だった。尋問終了後に胃痙攣《けいれん》を起こすほど緊張していた金だが、大役を見事に果たした。後日、金は言った。「先人から受け継いだもの、子どもへ伝えるべきもの。やっぱり背負ってるもんが違うと思うんですよ。それがあったから乗り切れた」

それは、オモニ会代表として緊張と忌避感を押して陳述をした朴貞任も同じだ。証人尋問の日が迫るにつれ、目の前に鎮座する裁判長に自分の思いを必死で訴えている夢を幾度も見て、そのたびに泣きながら目を覚ました。「直前まで、交通事故にあうか急病にならないかと真剣に考えていた」とも言う。彼女がそれでも証言した大きな理由は、「民族教育を受けてきた子どもたちの先輩として、その正当性を公の場で訴えたかった。事件後、私たちはここで民族教育を受けてたこと自体に迷ってた。自信をなくしてた。だから、そこに対する思いを自分自身も確かめたかった」

二次被害

一方で弁護団が直面したのは、裁判という制度そのものが孕む幾重もの暴力性だった。裁判を抱えていることで、「あの時」を引きずることになる。そして訴求力の追求それ自体が二次被害につながる。「陳述書にしても、尋問にしても、率直に言って辛い、苦しい話があるほど裁判官に訴える力は強くなるし、民事訴訟の場合、それが賠償額に直結してくるわけです。どんな事件でも、それでも裁判をするんだからと踏み込みを許される関係性があるけど、これだけ被害者が多数なわけです。傷ついた内面にズカズカとどこまで突っ込んでよかったのか。あれは妥当だったのかどうかと、今でも自問してます」と冨増弁護士は語る。

第八回口頭弁論（二〇一一年一〇月二五日）では、法廷で襲撃の映像も流した。動画を流せば裁判官にも一目瞭然である。「証拠としてこれだけ動画の力が示された裁判もそうないだろうが、言うまでもなく廷内にいるのは多くが被害当事者だった。自由に退席をとアナウンスしたが、吐き気や変調を生じた人もいた」。かくいう冨増自身、証拠調べのために動画を観ていた際、変調を来している。「ものすごく動悸が激しくなって、汗が一気に出てきて……私ですらこんな状態になるんだって」

二次被害を受けるのはもちろん、柵の向こう側で証言する人たちだけではない。自分たちの行為は「正義」であり「正当」と主張する被告側の言動は、傍聴席にいる被害者たちにとっては幾度目かのヘイトデモに等しかった。動画上映の際には「退席可」「控室あり」の告知がなされた。その時、在特会のメンバーが呟いた、「そうだ、出て行け」。ある人はその声が今も耳から離れないという。玄人はだしの撮影・編集技術で、この間の数々のヘイトデモを娯楽ビデオに仕上げ、ネットにアップし、販売までしていた被告の一人は、あの動画のもたらした被害に思いをいたすことなく、「ありのままを撮っただけ」「（主張の真偽は）観る人が調べるべき」と証言した。あるアボジは「その軽さに衝撃を受けた」と言った。

「思考回路が違う、わけの分からない存在と思うことにした」（李隆二）、「この人はこれを信じてるんだと、あまりのバカバカしさにむしろ突き放すことができた」（オモニ会役員）と気丈に語る人もいるが、つねに全員がそうとは限らない。被告側の弁護士が朝鮮学校の教育を「主体思想に基づく洗脳教育という批判を受けている」などとしたうえで「民族教育自体がヘイトスピーチ教育だととられてもおかしくない」と語った時、あるオモニが傍聴席で泣き崩れた姿を弁護団の上瀧浩子は今も鮮明に覚えている。

被害者にとっての民事訴訟は、取り返しのつかない痛みを少しばかり和らげる場であると同時に、二次被害を引き起こす場でもあった。だが、自力救済はあり得ない以上、一定の強制力を持った救済手段は裁判しかない。世界の少なからぬ国では、政府から独立し、簡易で速やかな人権侵害被害の救済をはかる「国内人権機関」を設置しているが、日本にはない。国連規約人権委員会などから再三の勧告や要請を受けながら、ネグレクトしているのだ。事件は日本の社会システムの欠陥をも露にしていた。

瘡蓋《かさぶた》をはがされる経験をしながらも、被告側尋問を傍聴する。朴貞任にその理由を聞いたことがある。「やっぱりね、私、彼らにどこかで悔い改めてほしいんですよ。他のオモニからは『えーっ！ なんで？』とか驚かれたり、『オンニ、それあり得へん、甘いで』とか言われたりもするけど」。朴の念頭にあったのは、差別街宣前、近隣マンションの住民から市になされた抗議で、バザーの開催それ自体が危ぶまれた時の経験だった。

「苦情を言ってたご本人とは結局、会えなかったけど、指摘されたマナーについてできることをしっかりとやって、自治会の副会長で、そのマンションの管理人さんでもある方とお話しさせていただいたわけです。会う前は不安でしたけど、『これやったら全然問題ない』『ここは歴史的経緯を知らない人が多いから、すぐに誤解を生んでしまう』とか言ってもらったわけです。お互い角が生えているわけではないし、同じ人間として意思疎通ができた。彼らにもどこかでそれを期待している部分があるんですよ。やったことは許せないけど、どこかで通じ合える部分があると思いたいんです」

娘がいわゆる日本人のネトウヨをツイッターで罵倒していたと知った時、「かなりきつく叱った」のもその延長線上にある。彼らに同じ人間であることを否定されたからこそ、彼らが人間であることを否定しない。彼らを一般化して、多数者に対して絶望してしまう。それに抗《あらが》うことが朴の、人間としての闘いなのだと思う。

同様の思いは金尚均からも聞いた。「どこかで彼らが同じ人間であることを手放したくないんですよね。証人尋問の打ち合わせで弁護士から『彼らが謝罪すれば赦しますか?』と聞いていいかと訊ねられた時は、『さすがに今はまだ無理です』と言いましたけどね」。金は事件後に著した共著(『沈黙する人権』)に寄せた論考で、自らの体験を三人称で書いている。親として在日朝鮮人として抱く彼らへの思いと距離をとるためだろう。裁判をめぐる会議でふと出そうになる「奴ら」などの言葉を金はぐっと飲み込むという。「それをやったら同じになってしまうと思うんです」

決して綺麗ごとではない。あの差別街宣が被害者に与えた傷。マジョリティ、さらには人間存在への不信は、刑事的な処罰や民事的な賠償では決して十分な回復を得られないのだろう。人は人によってしか癒されないのだ。朴や金の言葉は、ヘイトクライムの被害にあった者たちの修復に何が必要なのか、その気の遠くなるような過程と高いハードルを示しているのだと思う。

刑事訴訟と民事訴訟

民事訴訟には、ズタズタにされた尊厳の「回復」がかかっていた。物心両面の負担がかかり、事件を延々と引きずる民事訴訟に大きな思いをかけるのは、民族差別をそれとして扱わなかった刑事事件の顚末が大きく影響している。刑事事件はあくまでも、最も量刑の重い威力業務妨害事件として扱われた。

刑事訴訟の一審判決(二〇一一年四月二一日)は、被告側の「正当な政治的表現」との主張を「限度を逸脱した違法なもの」と退け、「公判廷でも本件各行為は正当であったと述べるなど反省が見られない」と指弾する一方、「本件が違法とされれば、その活動手法を改める旨述べている」とした。逮捕されないように「(差別街宣の)やり方に注意します」と述べたに等しい被告人の発言を刑責軽減(執行猶予)の理由として汲み取ったのは、まさに差別を犯罪としない日本における現行司法の問題点を露にしている。

主犯は刑事事件の最終陳述（二〇一一年三月）で、「今回のような生ぬるい抗議ですんだのだから、朝鮮学校、日教組（徳島事件も併合していた）は私たちに対してありがたく思い感謝してほしい」などと主張し、「抗議方法を変更しても『相手の嫌がる抗議方法を行う』という基本姿勢は変えるつもりは全くありません」と宣言している。

か？　彼はその一年後には、次の行動をすることが分かり切った人物に執行猶予を付けることは妥当なのか？　彼はその一年後には、テレビのコマーシャルに韓国女優キム・テヒを起用した「ロート製薬」に仲間と押しかけ、起用取り止めを要求。言いよどむ社員に「右翼紹介したるから右翼の事務所行って言え」「きっついところ紹介したるわ、アホちゃうけ、なめとったらアカンぞコラ」「お前国家転覆させようおもとんのけ」などと一連の街宣と変わらぬ怒声を発し続けた。さらには自らを「同和地区出身者」と匂わして（事実ではない）回答を迫り、二〇一二年五月、強要の容疑で逮捕された。

被告たちの「主張」

さて、民事訴訟の弁論では被告――一団体および九人――のうち八人を尋問した。とりわけ第一五回口頭弁論（二〇一二年一一月一四日）の尋問は、在特会会長の男性（一九七二年生）と、襲撃事件主犯の男性（一九六八年生）を調べる、ある意味の「山場」だった。

自らの代理人による主尋問で、自身が呼びかけた抗議運動の例を訊かれるや、冒頭から「大阪市役所の横で違法に反原発テント村とか言ってとんでもないことをやってるアホどもがいまして」などと語り、代理人から「法廷でのお答えなので」などとたしなめられた会長の男性は、自身の活動のきっかけを在日無年金問題と語り、彼が言うところの「在日特権」の数々を並べ立てた。一二月四日の街宣について、指示したことはないが支援は表明したとし、その理由を、「当たり前、どう考えても朝鮮学校による不法占拠」「何ら悪いことではないと思ってます」「公表した約束通り実行したまで」と語り、在特会の活動をレイシズムの発露とされたことについては、「バカの主張だと思ってます」と発言。弁護人からまたしても「表現に気をつけてください」と諫められ、「頭のいかれた主張だと思ってます。何でも差別と言やあ、どんな犯罪行為でも矮小化され許されると思いこんでる」と言い換えた。

続いて原告側弁護士の尋問に移ったが、質問に対して彼は何度も、「これが(事件と)何の関係があるんですか」といらついた様子で裁判長に説明を求め、裁判長が尋問の趣旨を説明する場面が繰り返された。尋問が一時間を超えると彼は突然、裁判長に「虚弱体質でここにいるのが辛いんです。一時間の約束でここに来ている。早く終わらせてほしい」と訴え、法廷内のあちこちで冷たい笑いがもれた。

続いて登場した襲撃事件の主犯は、刑事事件の検事調べで供述した「朝鮮学校で行われている教育など配慮するに値しない」との主張を今も是とし、「不法占拠しているということを(子どもに)教えるのも大人の務め」と言い切った。弁護士の尋問では、一二月四日の街宣で言った「レイプして、虐殺して奪ったのがこの土地」「この学校自体不法占拠」などの数々は事実無根であること、市の直接の担当者に事実関係を確認する前からすでに襲撃の日を決定しており、サッカーゴールなどは後に撤去予定だったことを知りながら決行した「襲撃ありき」の実態が判明した。

また、初回の襲撃の際に言った、「近隣全戸にアンケート(して迷惑を立証した)」なども虚偽だったことが明らかになったが、彼はそれらについて街宣を盛り上げるために必要な「はったり」と語った。拡声器を使った初回の街宣について、彼は当日未明、ネットの会員制掲示板に段取りを載せていた。そこにはまず、「『公園の私物を撤去するので門を開けてください』と下手に出る」とあり、拒まれた場合の行動として「多重人格者(↑これ大事)のごとく変貌し、狂いだしマイク街宣を始める」などと記されていた。このマニュアルに従い、彼は拡声器で街宣を始め、校内、とりわけ二階の低学年の児童たちが大混乱となったのだ。「多重人格者(↑これ大事)のごとく変貌し、狂いだしマイク街宣を始める」についてその意図を訊かれると、彼は言った。「まあ、お笑いですね」

朝鮮人が「終戦後」京都で狼藉《ろうぜき》を働いたという自らの主張の根拠については、コンビニで販売している任俠《にんきょう》漫画まで書証として提出していた。主張の無根拠や一方的な誇張が次々と明らかになっていくと、傍聴席から失笑がもれたが、当事者の中には口を真一文字に結んだまま、じっと彼を見つめる人が何人もいた。このような「軽さ」で彼らは、子どもたちの心に一生癒えぬかもしれぬ深い傷を残したのだ。

ネットからのコピー&ペーストを軸に「事実」をつくり上げ、ヘイトデモで自己顕示する。閉じた世界の中で賞賛されれば、他者の目はどうでもいい。その姿勢は裁判所でも同じだった。被告側はあの街宣を「公正な論評」と主張していた。だから原告側は彼らの言動がいかに公共、公益性を欠いた事実無根の誹謗中傷かを立証する必要があった。

それを知ってか知らずか、主犯は質問が細部に及ぶと「問題の原因は不法占拠」と反論し、「真面目にやってくださいよ」と声を荒げて弁護士の尋問を遮った。傍聴席からでも裁判長がいらだちを募らせているのがうかがえた。主犯が何度目かの「真面目にやってください」を口にすると、裁判長が突如、「それは裁判所に言ってるのか!」と叱りつけ、「立場が違うだけで真面目にやってますよ、この人(原告側弁護士)は」と諭した。すれ違っただけで臭いが鼻を衝くほどの酒気を漂わせ、休憩時間には間違えて女性トイレに入りかけた主犯は、傍聴人に「そっちちゃう(違う)ぞ!」と叱責され、「別件でいかれる(逮捕される)わ、別件で」と赤ら顔に引きつった笑いを貼りつけて繰り返した。

「『大義』を実行する手法において配慮が足らなかった」などとして傍聴席に「お詫び」を表明した被告もいたが、あくまで彼にとっての問題は手法だった。尋問に際しての陳述書で彼は、デモで叫んだ「不逞鮮人」の言葉を「(政治運動用語としては)社会的に許容されうる」とも述べている。自分たちの痛みを人間として受け止めてもらいたいという朴の思いは裏切られ続けた。

「率直に言って、裁判が彼らにとってはあの程度のものでしかないのだということを知りました」、冨増弁護士は言う。「彼らにとって大事なのは、言動の正当性ではなく、ある意味『キャッチーさ』なんだと。『こんなことやってやった』『あんなことやってやった』という、それで注目を集める。目の前のマジョリティに訴えることなんて端《はな》から考えていない。裁判だって勝ち負けなんてどうでもいい。有罪は名誉の勲章であり、それは自己犠牲なんだと。そうなると分かり合うことはできなくなる。正直、びっくりしました。自分の考えに沿う情報を集めて信じ込む。人間としてどう対応していいのかと思いました」

被告側は「日本人拉致事件を起こした北朝鮮との関係」を「理由」とした政府の朝鮮学校への敵視政策と、彼、彼女らの街宣とを重ね合わせ、「公正な論評」との主張を柱立てようとした。前述した金志成への尋問でもみられたように、朝鮮学校の教育内容についても、まるでカルト宗教の洗脳のごとく裁判所にアピールしようとした。裁判ではその主張にも対峙する必要が出てくるが、それも、両者が対等に向き合う裁判の一つの問題だった。一七回目の弁論(二〇一三年三月一三日)が終わった後の支援集会では、傍聴していた若い支援者が、原告側が教科書の内容がいかに日本の学校に近いかを裁判所に説明したり、証人尋問で弁護人が保護者に「『反日教育』などしてませんよね?」と質問したことについて、違和感を述べた。「『いいマイノリティ』を強調し過ぎるのは、レイシズムの論理に絡め取られる危険性を胚胎していないか？　では『反日教育』なら権利はないのか？　昔のままの政治色の強い教育なら、その価値は毀損されるのか」と。受け入れられるマイノリティとそうでないマイノリティを線引きする差別の論理につながっていかないかとの指摘だった。

民事の合議体ならば地裁、高裁段階で、裁判官は三人いる。各裁判官がそれぞれどのような「常識」の持ち主かは基本的に分からない。だから相手の主張に対して黙すると、裁判官から「認諾した」と受け取られる危険が生じてしまう。それゆえ「くだらない」としかいいようのないレベルの主張についても時にはつき合い、潰していく必要が生じてくる。朝鮮近現代史の少なくとも三六年間は被支配の歴史であり、その加害者が日本なのは世界史上の常識だ。抗日の歴史を教えることを「反日教育」と言うなど、相手をするまでもない言いがかりである。そして民族教育は「恩恵」ではない「権利」であると主張するならば、教育の中身を裁判所に説明する必要は本来、ないはずだが、裁判ではそうはいかない。

最終弁論

一回目の口頭弁論の後も具良鈺の内面は揺れ動いていた。一つは事件への忌避感だった。「弁論で検証のために動画を流した時、私は観れなかった」という。代理人として活動すると、事件に何度も引き戻された。「感情や意見を言えても書面にはできない。思うと逃げてた部分がある」。インタビューでも彼女は、事件と向き合う辛さを語るたびに「私、根性なしなんです」と繰り返した。被害者がことさらに気持ちをしっかり持ち、強くあろうとする倒錯を彼女もまた抱えていた。もう一つの葛藤は、自身そして朝鮮学校の正当性だった。「そうは言っても実際、物を置いていたのはその通りだし、それで権利だとか、傷ついただとか言えんのかと。私物設置は汚点だと思ってたんです。私が通ってた時も、あれは公園だと認識してた負い目があった」。それは被害者や代理人のなかでも反芻されていた問いでもあった。

ある日、それを弁護団会議で口にした時、冨増四季や豊福誠二が口々に言った。「歴史的経緯から公園を友好的に使ってて、たまたま私物を置いていただけ。それを理由にする在特会らがおかしい。それであの差別街宣が許されるわけないやろ」と。「ズバッと言われました。それですごく救われた。それまで重箱の隅をつつくような議論に引っ張られて苦しんでた。どこか自分を責めてるとこがあった。在日が言っても、自分たちを擁護するために理屈を捏《こ》ねくってるという思考回路が私のどこかにはある。他でもない日本人から『それはおかしい』と言われた意味が私には大きかった」

代理人として、そして当事者として、事件と向き合ってきた三年半もの日々は、葛藤の中で自らの正当性を求め、傷ついた内面を癒していく過程だった。

初回の陳述でも対面にいた在特会副会長は、ツイッターで「朝鮮学校側の弁護士が泣き声で自分の体験談を語ったりして楽しかったよ。チマチョゴリ切り裂き事件を引用した時には吹き出しそうになりました」と呟き、ネット上では具弁護士を誹謗中傷する書き込みが散見された。最終弁論で彼女が陳述に立つことには弁護団内でも賛否があった。「また彼女を在特会らの攻撃にさらすことになるわけです。私は反対でした」(遠藤比呂通)。しかし、それでもなお、具があえて陳述に立ったのは、自らの思いを子どもたちに伝えたいがためだった。具にとって二回目となる最終弁論における陳述は、意味合いが全然違っていた。「自分の意見を言う恐怖が薄らいでいた。うがった見方をする必要はないし、お涙頂戴なんて人はとらないって。逆に普通にしゃべればいいんだって」

最初の弁論では自分の体験や思いに「でしょう」「はずだ」の推量をつけたが、それも断言に変え、中級時代の自らの被差別経験も陳述書に書き加えた。髪の毛を引っ張って暴言を吐いた大人の男の手をつかみ、小柄な少女が駅長室に突き出す。字面だけみれば痛快である。実際、その武勇伝を級友や教員、親に得意げに吹聴した具だが、当時誰にも言わなかったことがある。「私、本当は怖くてたまらなかったんです。手を握って突き出したけど、足はガクガク震えてた。それでも何で大人を遣り込めたかというと、あそこで私が黙ったら、先生や親が私に繰り返し言ってた『朝鮮人であることは悪くない、誇りを持って生きなさい』が自分の中で否定されると思ったんです。そうなれば『朝鮮人である』自分への嫌悪感が親や先生たちに向かうんじゃないか、私は自分の出自を隠すような人間になるんじゃないかと怖かった。その恐怖心が勝ったんです」

チョゴリを着て通学し、つねに朝鮮民族代表のように振るまい、自分が日本で暮らすことの正当性を確認していた彼女にとって、あの問題への対処はとにかく「強くあること」だった。「本当は次の日から時間をずらしたり、離れた車両に乗ったり、体の大きい、白髪交じりで目の細い風体の人を見たらドキドキしたり。でも『怖かった』とは誰にも言えなかった。自分の弱い部分を見せてはいけないと思ってた。あそこで感じた、自分の中では否定的に思っていた恐怖感や不安感を親や先生たちに包み隠さずに言っておけば、あの出来事はもっと早く自分の中で消化できていたと思う」

被害者こそが痛みを痛みと語れない。今回の襲撃事件で具が見聞きしたケースでも、子どもがむしろ逆に毅然としている例は少なくなかった。子どもが子どもなりに、大人を気遣っているのだ。むしろ「たいしたことない」と表現したり、「次くればやっつける」と強がったり、授業を自分たちで盛り上げようとしたり——。「自分は自分でいい」。裁判を通じて具が学んだことだった。「今でもつねに揺れてはいます。でも自分たちが悪いかもしれないという気持ちは、三年の裁判を通じて整理ができた。もし弁護士をやってなかったら、傷を爆弾みたいに抱えて生きていたと思う。それは怖い」。だからこそ、子どもたちにそれを伝えたかった。法廷は襲撃犯関係者が来ている可能性もある場所だ。子どもが、ましてや授業のある平日の昼間の傍聴に来ることはないが、裁判所で語れば残るのだ。「あなたたちは間違ってない、事件をなかったことにせんでも、笑い飛ばさないでもいい、無理せんでもいいって」

最後の、そして二回目の陳述は「どこか心が晴れやか」な気分で臨んだという。自らの体験を開きながら、子どもにとって朝鮮学校がどれだけ重要で、何が踏みにじられたのかを切々と訴えた。「あの日」の罵詈雑言に至ると、どうしても読むことができずにつかえた。「あれは私の口から言うことはできなかった。まさにヘイトスピーチのヘイトスピーチたる所以だと思いました。それくらい心の深い部分を攻撃していると改めて思った」という。一回目の口頭弁論同様、真向かいに座っている在特会副会長が、時にこみ上げる彼女の姿をせせら笑っているのも初回を思い起こさせたが、最後まで陳述し切った。

民事裁判の最後で陳述した具良鈺弁護士．3年半を経た表情は晴れやかだった（京都市中京区の京都弁護士会館で，2013年6月13日）

弁護団員としての三年半の活動で、「自らの負い目が払拭された」という。「本当かと思われるかもしれませんが、私には貴重な経験でした。弁護団や支援者の人たちとの空間は、肩肘張らなくていいぬるま湯なんです。朝鮮学校の同窓会みたいな感覚です。裁判を通じて私には『故郷』ができたんです。だからその思いを子どもに伝えたい」

結審

民族教育の権利（民族教育実施権）とヘイトスピーチの不法性を訴えた原告側に対して、被告側は「公正な論評」との主張を繰り返し、弁論は結審した。終了後には隣接する京都弁護士会館で報告集会が持たれた。最後に登壇したのは朴貞任らオモニたちだった。

いつもは凛としたたたずまいを崩さないあるオモニ（一九六九年生）が、檀上で泣きながら声を振り絞った。「仕事関係で『お子さんはどこ?』と聞かれた時、私はどんな反応が来ても構わないように構えて、敢えて『朝鮮学校に通ってます』と答えます。大人でもこうなのに、一〇歳前後の子どもがどんなふうに頭で整理して、どんなふうに気持ちを整理して朝鮮学校に通ってるかと思うと……本当に胸が痛いし、大人である私たちの無力さ、罪とまで思う気持ちでいっぱいです。私の願いは、この日本社会で『朝鮮』という言葉が何の違和感もなく使えるようになることです。構えなくても『朝鮮』が使える言葉になってほしい」

提訴から約三年、ついに弁論が終わった。何とかここまで辿り着いた。それが実感だったのだろうか。集会が終わり、満員だったホールから支援者やメディア関係者が次々と退室していく傍らで、冨増四季が机に突っ伏して嗚咽し、その手にオモニたちが手を添えて泣いていた。「覚悟と決断」の日々に一つの節目が来ようとしていた。

9　故　郷

京都市営地下鉄東西線の醍醐駅（伏見区）。西側の山科川を渡り、伏見区と山科区の境にある高台を上がる。急な坂道に息が切れて膝が笑う。ガクガク震える膝に掌を当てて歩みを進めると、斜面になった左手に大きな建物とグラウンドが現れてくる。京都朝鮮初級学校の新校舎だ。総面積四万四二二〇平方メートル。甲子園球場（三万八五〇〇平方メートル）が軽く入る。校舎は二階建て。サッカーの国際試合の公式グラウンド（最大八二五〇平方メートル）が余裕でとれる一万一三〇平方メートルのメイン・グラウンドに加え、サブ（二七〇〇平方メートル）まである。内覧会のバスが斜面を登り、校舎の屋根が視界に飛び込んだ時、乗っていた子どもたちから一斉に「お〜っ！」という歓声が上がったという。保護者でもなければ建設に関わったわけではない私も、真新しい屋根を見た時にはこみ上げてくるものがあった。保護者や教師、子どもたちから聞いたこの間の思いが溢れ出したのだ。

民事訴訟の証人尋問が終わり、あと一回の弁論で結審となった二〇一三年四月七日、事件全体の大きな節目があった。新校舎での入学式である。二階の廊下は第一初級の中庭ほどもあり、子どもたちが駆け回っている。京都の初級学校では初めて設けられた体育館は、第一初級の校舎より大きい。

新しく入学した幼稚班、初級部の子どもたちが上級生のアーチをくぐり抜けて仲間入りしていく。濃紺の制服姿の初級生に続き、チマチョゴリ、パジチョゴリを着た幼稚班の子たちが入学してくる。人生に一度しかない一瞬、自分たちが主人公であることを自覚した笑顔の子もいれば、なかには不安なのかベソをかきながらくぐり抜けてくる子もいる。教師一人ひとりが挨拶をし、セレモニーが終わると、まだ前日の雨が残っているグラウンドに子どもたちが駆け出していった。校舎からグラウンドを感慨深げな表情で見つめる大人たちの中には、建設委員会のメンバーの一人である金義広もいた。

感慨深い？「最初はそうでもなかったんですけど、『わ〜っ』て、子どもがグラウンドに駆け出していった時は泣けましたね。だってグラウンドの向こう側に行くとね、子どもの顔が見えないんですから……」。「あの時」学校にいた下の娘もここに通っている。「『なんか知らんけど楽しい』って言いますね。その『なんか』は分からんけど、『なんか』なんだと思いますわ」

一九九四年六月の土地取引をめぐる弾圧の口実とされた土地で、第一初級襲撃事件から三年半後の二〇一三年四月、京都の朝鮮学校は新しいスタートを切ったのだった。

二〇年来、開発計画を練ってきたこの新校舎であるが、前述したように、繰り返された差別街宣の影響はこの移転にもつきまとった。町内会連絡協議会はいち早く学校建設に協力を表明したが、近隣には一部、反対する住民もいた。京都市の担当者はある住民からこう言われたという。「自分は何も聞かされていない」「喧嘩が起こったらどうするのか」、そして「右翼が来たらどうするのか」――。学校関係者は教科書を持って、教育内容の説明に回り、京都市が地元の反対派住民に指導、啓発を行う事態になった。民事裁判では、この新校舎への差別デモ禁止も求めていた。事件は現在進行形だった。

襲撃事件から三年半が経ち、法廷外の情勢は劇的に変化していた。襲撃の刑事事件化を境に在特会らの動きは一旦、沈静化したかに見えたが、民主党政権末期の近隣諸国との緊張の高まりがヘイトデモを勢いづかせた。そして自民党の復権である。二〇一二年一二月一五日、衆院選前日の秋葉原での安倍晋三自民党総裁の街頭演説には、日の丸を掲げる者たちが押し寄せた。強い国家を叫ぶ安倍演説に陶酔した聴衆は、メディアへの「売国奴」コールを繰り返し、そこに「朝鮮人を追い出せ！」などの怒号が入り混じった。そして第二次安倍政権発足に勇気づけられるように、ヘイトデモは常態化していった。

二〇一三年に入ってからは東京・新大久保のコリアンタウンでも毎週のようにヘイトデモが行われ、「死ね」「殺せ」が繰り返された。韓流ショップがひしめく路地に入り込み、路上にはみ出た看板を蹴ったり、若い従業員を罵倒し、恫喝《どうかつ》する「お散歩」も野放しだった。第一初級襲撃事件から三年余、民事訴訟が最終盤に差しかかった二〇一三年春の光景だった。

西日本で彼らの主戦場になったのは大阪・鶴橋だった。駅前の千日前通は、一九八〇年代、指紋押捺拒否闘争の際、指紋押捺廃止を求める者たちのデモコースとなり、人々を先導するプンムル(農楽)のリズムが染み込んだ通りである。「人権」の言葉に現状打破の力があった時代、権利伸長運動の解放区だった場所に、約三〇年後、この国が溜め込んだ憎悪のヘドロがぶちまけられていた。京都朝鮮初級学校の入学式一週間前の三月三一日には「特亜殲滅カーニバルin大阪〜不逞特亜を叩き出せ!!」が行われた。

鶴橋でのヘイトデモは前月に続くものだった。この日は地元の人々が中心になった「日本・コリア友情のキャンペーン」と関西で活動するカウンター組織「友だち守る団」(現在は解散)の呼びかけで、大規模なカウンターが予定されていた。ヘイトデモ開始の一時間以上前に「守る団」のメンバーは現場に集合した。ガード下商店街の振興組合の事務所に行き、午後にヘイトデモが行われることと、自分たちが

カウンターのプラカードに包囲されながら罵詈雑言を吐くレイシストたち．鶴橋は一時ヘイトデモが定例化していた（大阪市東成区で，2013 年 3 月 31 日）

対抗デモをすることを告知する。ヘイトデモの前線にいちばん近い道路沿いの店一軒一軒にも説明をして回る。「（彼らは）またやるんですか……」と絶句する喫茶店の店主もいれば、「がんばってな！」と声をかけてくれる衣料品店の女性経営者もいる。煩わしいのは私服（公安）である。時に遠巻きに、時に近づきながらカウンターのメンバーにつきまとい、その日の行動予定をしつこく訊いてくるのだ。

　別の場所では「友情のキャンペーン」がカウンター行動に来た人を集めて、この日の注意事項を説明していた。「挑発には乗らない」「警察の指示には従う」――。街宣場所に戻ってくると、まだ開始時刻前なのにすでに街宣は始まっていた。いや、警察が開始を許したのである。

　拡声器の怒号が飛び交う。「日本に住ませてもろて、何が差別や」「ゴキブリ、蛆虫、朝鮮人」「国へ帰れ」――。駅のすぐ近くの駐輪場前。ガードレール沿いに迷彩服や着物に身を包んだ男女が一列に並び、それを警察が取り巻く。レイシストたちと談笑している私服もいる。参加者は約三〇名ほどだが、彼らを護る警官の数が異常に多く、実態以上に大規模にみえる。日章旗が掲げられるのはいつものことだ。なかにはナチスの鉤十字《ハーケンクロイツ》まである。自らの発言に酔うように発言はエスカレートしていく。

「取材」と自らに言い聞かせることで、彼、彼女らの罵詈雑言をある程度は突き放し、対象化しているつもりなのだが、属性にかこつけた罵声は私の内面にも斬り込んでくる。聞いているうちに両側のこめかみが泡立つように痛んでくる。喉の奥からこみ上げ、気を抜くと吐きそうになる。

休日の繁華街である。引きつった笑みを浮かべて何事か囁き合うカップルがいれば、その風景と罵倒から子どもを護るように抱え込み、自分にも言い聞かせるかのごとく、「朝鮮人も日本人も同じ人間やっ！」と言いながら、足早に過ぎ去る若い父親もいる。傍らでは商店主の女性が「なんでこんな侮辱するの。なんで止めさせへんのっ！」と警官に抗議している。

気がつくと、ヘイトデモと、護衛する警察の一群を無数のプラカードが包囲している。「恥を知れ」「日本の恥、アジアの迷惑」「大阪に差別はいらない」「レイシストは帰れ」――カウンターデモである。その数、一五〇名を軽く超えている。レイシストたちの罵詈雑言に対抗し、「キャンペーン」のメンバーは拡声器で「人権、平和」を唱和する。罵声と対抗スピーチが衝突し、一帯は騒然としていた。

排外主義者たちが先に駅前路上の道路使用申請をしていた二月のデモで警察は、「守る団」が対抗手段として申請した駐輪場前の使用を認めなかった。マイクどころか、プラカードすらも警察は強引に止めさせ、かなり離れた交差点に抗議者たちを追いやったのだが、カウンター側が使用許可を先にとったこの月は、二月に「守る団」の申請を拒否した同じ場所――ほんの一〇メートル横――での差別街宣を認めたのである。抗議に対して警察は、「(二カ所は)所管(する署)が違う」と居直った。

カウンターデモという火消し

沿道からデモに抗議していた一人、凜七星《りんしちせい》(一九六一年生)は、第一初級の出身者である。民族名は「林啓一《リムゲイル》」だ。彼が在日であることを知らなければ、日本人であれば当然「はやし・けいいち」と読む。凜七星は、「自分は日本人じゃないと説明するのが面倒臭くて」つくった「通り名」である。在日本朝鮮人連盟の初代京都府委員長で、武力弾圧期を含む初期の学校存続に尽力した林尊康《リムチョンガン》を祖父に持ち、左派の立場から金日成批判を展開した林誠宏《リムソングァン》を父とする。運動圏とは一線を画していた彼がヘイトデモを意識したのは、第一初級襲撃事件の動画だった。「『なんでこれを止めらんないんだよ……』って」

二〇一二年の夏頃だった。大阪市内の繁華街で彼らの街宣をたまたま目にした。「すでにその頃『ゴキブリ』とか過激な言葉を吐いてた。これいいの？って。俺、朝鮮人で(運動圏には)事情もあるんだけど、誰もやんないならやるしかないなって」

凜の周りに集まった人々は、多くが第一初級事件の裁判を支援している人物だった。二月に「友だち守る団」を立ち上げ、有志の呼びかけの形で、ゲリラ的に対抗行動をしてきた。場所の申請や抗議側の逮捕者防止、近隣への告知周知など活動は多岐にわたる。

最初のカウンター街宣は二月だった。前述したように「守る団」の申請した道路使用許可を警察は認めず、プラカードや声も警察が規制した。警察はカウンターの「表現の自由」を徹底的に抑圧して回った。現場にいてもほぼ、何もできない。のちに、罵詈雑言を浴びせられた商店街の人々に二月のことを聞いても、四〇人程度いたはずのカウンターを覚えている人がいない。警察がそれほどにカウンターを抑え込んだのである。そのなかでデモ後の差別街宣はますますエスカレートしていった。参加者が陶酔の極に達した頃だった。マイクを握った少女がガード下から商店街に向けてアジテーションを始めた。

「鶴橋に住んでる在日クソチョンコのみなさん。(中略)私ねぇ、ほんま皆さんが憎くてたまらないです。(中略)もう殺してあげたい。皆さんも可哀そうやし、私も憎いし、死んでほしい。いつまでも調子に乗っとったら、南京大虐殺じゃなくて鶴橋大虐殺を実行しますよっ!(中略)実行される前に自国に戻ってください!」——。このような言葉が、旧植民地出身者とその子孫たちが多数暮らす、日本最大のコリアタウンの玄関口で、拡声器を通じて発されたのである。「中略」とした部分の大部分は「そうだあっ!」などの煽りである。抜き身の刃物を振り回すようにヘイトをまき散らす一〇代前半の少女、その暴走を諫めるどころか囃《はや》し立てる大人たち。考えようによっては、児童虐待でもある。そして忘れてはならないこと、それは、警察が彼、彼女らを増長させたということだ。

この動画が字幕付きで海外にも配信され、話題と懸念を呼んだ翌三月、カウンター側は二回目の対抗行動にして彼らを完全包囲した。結果的にヘイトデモは完遂されてしまったものの——予定時間を過ぎても終わらないのも警察は黙認した——、カウンターの参加者も飛躍的に増えた。次につながる結果でもあった。これ以降、関西では、ヘイトデモを数倍のカウンターが包囲する姿が常態となり、それは現在(二〇一三年一二月)も続いている。後日、その話題を凛に向けると、彼は言った。

「ある程度の結果を出したことはあまり記憶にない、むしろ痛恨事を憶えてますね。『鶴橋大虐殺』発言がその酷さゆえにフォーカスされているけど、二月はもっと酷いことがあった。車道を挟んでちょうど真ん前に連中がいるわけですけど、歩道でベビーカーを押しているお母さんを連中が取り囲んで罵声を浴びせていた。たぶん、あまりに酷いから『あなたたち何やってるの』くらいのことを言ったんだと思う。それを警察が黙認しているわけですよ。でも俺の目の前は車がバンバン走ってて飛び込めない。あの情けなさですね、映像として憶えているのは」。カウンターの中心である凛には複数の警官が張り付いて、彼の行動を監視している。凛は一時、ガード下の商店街に入ってマークを外すと、通りの向こう側に渡って彼らに突っ込もうとした。すぐに警官に見つかり押し戻されたが、「逮捕されてもかまわないと思った。あれをさせてしまった痛恨事は絶対に忘れられない。あんなことを二度と見たくない」。飄々《ひょうひょう》とした凛がこの時は言葉に詰まった。

ヘイトデモと対峙するがゆえの「カウンター」だが、彼、彼女らの多くがメッセージを発しているのは、差別を楽しむ前方のレイシストに対してよりも、むしろ背後にいる人々に向けてなのだ。それは「この行動を認めない者がここにいる、あなたたちが暮らすこの社会にいる」という意志の表明である。

とはいえ凛は、カウンター運動はあくまで応急処置と考えている。「否」の高まりをもって「市民の力で制圧するのが大事」などと言う「識者」も少なくないが、凛は彼らに対しては「分かってないな」と思う。「今、火事が起こってるんだから、燃え方や原因なんて考えてる場合じゃない。まず消さなきゃ。カウンターなんてはっきりいって徒花《あだばな》です。単なる火消しですよ。だからカウンターにそれ以上を期待しても仕方ない。それに消耗戦ですよ、もう。遠方に行けば経費もかかるし、仕事にも支障が出ますよ。いったいどこまでやるんだって。落とし所をどこにもっていくのかも分からない」

やはり地道な教育が大事だというのが凛の考えだ。そして言った。「少なくても欧州レベルでの法規制をするべきだと思う。即座に処罰とはいかなくても、これは酷過ぎる。公が規範を示すべき。朝鮮人を嫌いな人間がいても最低限の尊厳が踏みにじられなければいい。でも実際はそうなっていないから一定のルールは確保しましょうと。もちろん濫用の恐れはある。現に今だって法が濫用されて、俺たちの

『表現の自由』は抑圧されている。権力が法律を都合よく使うのは当たり前のこと。法律の枠組みをこちらで利用して闘うべき」

社会問題化するヘイトデモ

一方で、カウンターがヘイトデモを包囲した事態は警察に不安を与えたようだ。「一触即発」(=余計な仕事の増大)の危険を感じたのか、警察は三月のデモ終了後、この間、鶴橋などでのデモを主導してきた排外主義団体のメンバー三人を相次いで逮捕した。容疑は、神戸の博物館が企画した中国関連の展示に街宣をちらつかせて延期を求めた暴力行為や、公衆トイレで八二歳の男性が拡声器を覗きこんだことに逆上、胸ぐらをつかんだうえ、彼の眼鏡を奪って踏み潰した傷害。電気料金の請求に来た電力会社の徴収員に拡声器を見せて、「俺は右翼やっとんねん!」と威嚇して料金を踏み倒した恐喝。いずれも別件逮捕だった。この団体は四月のデモを中止した上で解散を表明。以降、鶴橋でのヘイトデモは行われていない。泳がせておきながら警察(=公安)は、都合に応じて引き締める。街頭で傍若無人に騒ぎ立てるレイシストたちは、実は警察の掌の上で踊っているに過ぎない側面がある。

警察に護られて罵声を吐き散らす者たちと、逮捕も辞さない覚悟で臨むカウンターとの間での衝突も激しくなり、ヘイトデモは社会問題化していった。「日本の恥」を国会で問題にする議員も現れた。院内集会が開かれ、委員会でも質問が出るに至った。歴史認識では在特会とさして変わらぬ安倍晋三首相でさえ、二〇一三年五月七日の参院予算委員会で、「日本人は和を重んじ、人を排除する排他的な国民ではなかったはず。どんな時にも礼儀正しく、寛容の精神、謙虚でなければならない」「他国の人々を誹謗中傷し、まるで我々が優れていると認識するのはまったく間違い。結果として自分たちを辱めている」と答弁した。

その直後にはヘイトデモ参加者に逮捕者が出るなど「潮目」の変化を思わせる出来事もあったが、その後の安倍政権にこの問題と取り組むようすはまったくない。福島第一原発の汚染水は「コントロール下にある」発言と同様に、ヘイトデモについての発言も「オリンピック招致」へのポーズだったのかもしれない（実際、オリンピックが東京で開催されることが決定した翌日、しばらく止んでいた新大久保でのヘイトデモが再開された）。そもそも彼が首相になって即座にやったのは、民主党政権で棚上げにされていた朝鮮学校の高校無償化からの完全排除だった。政府自らが不当な差別を率先しているのだ。

画期的判決

そうした流れのなか、二〇一三年一〇月七日、第一初級襲撃事件の民事訴訟は判決の日を迎えた。開廷のかなり前から京都地裁には支援者が詰めかけた。この日はマスコミも大勢やってきていた。傍聴券配布前には二〇〇人近い者たちが地裁一階にいた。記者用に一六席がキープされたため、傍聴席はいつもより少ない七〇席。抽選に漏れた一〇〇人以上が法廷外で行く末を見守った。傍聴券を求める列を見つめていたのは、「明け方まで眠れなかった」という具良鈺だった。金尚均は「一人で夜中まで酒を飲んでいた」、朴貞任は緊張のあまり嘔吐《おうと》したという。

緊張した面持ちでオモニたちが廷内に入り、開廷時刻ちょうどの一一時、被告側が入ってきた。

一一時を少し回り、主文が言い渡された。在特会と、街宣参加者の名前が読み上げられ、「連帯して、五五四万七七一〇円及びこれに対する平成二一年一二月四日から完済まで年五分の割合による金員を支払え」。不覚だが、私はこれを全額と誤解し、「多いな」と思った。だが主文は続いた。「三四一万五四三〇円」「三三〇万円」——。混乱した。当然だが、判決は三回に亘る街宣のそれぞれに賠償を命じていった。計一二二六万円。訴額の半額以下ではあるが、街宣への賠償額としては高額だった。

続いて裁判長は、新しくできた初級学校から半径二〇〇メートル以内でのデモ禁止を言い渡した。まだ実害が出ていない場所への街宣差し止めの請求は棄却の恐れもあったが、判決ではこれも認められた。金額を読み上げる段階ではじっと前を見ていた朴貞任が、街宣禁止のくだりになると目をハンカチで拭った。数人のオモニも泣き出した。逆恨みを買えば危険にさらされるのは子どもたちである。この日も学校側は集団登下校の態勢をとっていたのだ。差し止めが認められなければ、すぐさま学校に街宣が再開される恐れもあった。「ここで引いたらずっとそうなる」「子どもの尊厳を守らなアカン」「先人から引き継いだ宝を未来につなぐ」。自らを後押しした言葉の数々が頭の中をよぎっていたのだろう。

民事訴訟の判決の日，緊張した面持ちで京都地裁に向かう原告と弁護団ら（2013 年 10 月 7 日）

そもそも刑事事件では四人の有罪が確定しているし、行為の不法性自体は揺らぐものではなかった。だが、どのレベルまで賠償を認めるのかが課題だった。判決は想像以上に踏み込んだ内容だった。画期的だったのは、原告が被った有形被害にとどまらず、無形被害を重視し、その被害の認定に人種差別撤廃条約を、間接的にとはいえ、最大限に適用したことだ。

認定事実と、「在特会」の訴訟当事者性を認めた後で判決は同条約を引用。「わが国の裁判所は、人種差別撤廃条約上、法律を同条約の定めに適合するように解釈する義務を負う」と明言した。これまで国際人権条約で理論構成した民事訴訟が、ことごとく棄却されてきたことを考えれば、いくら私人の間、しかも相手が相手とはいえ画期的だった。同条約を援用した判決には、宝石店に入店拒否されたブラジル人が一五〇万円の賠償を勝ち取った例や、北海道・小樽で公衆浴場への入湯を断られたロシア人ら三人が各一〇〇万円の賠償を得た例があるが、今回ほど全面的に同条約を展開してはいない。

その上で判決は、一連のデモを「在日朝鮮人に対する差別意識を世間に訴える意図の下、在日朝鮮人に対する差別的発言を織り交ぜてなされたものであり、在日朝鮮人という民族的出身に基づく排除であって、在日朝鮮人の平等の立場での人権及び基本的自由の享有を妨げる目的を有するもの」として、同条約一条一項の「人種差別に該当する」と認定した。それが、賠償額の九割を無形被害が占めた損害認定につながった。

被告側はあのデモを不法性が退けられる「公正な論評」と主張したが、判決は「本件活動は全体として、在日朝鮮人に対する差別意識を世間に訴える意図の下、在日朝鮮人が日本社会で日本人や他の外国人と平等の立場で生活することを妨害しようとする差別的発言を織り交ぜてなされた人種差別に該当する行為」として「公益性なし」と、入り口でバッサリと斬った。彼らが言う学校側の公園占拠についても、ヘイトデモを正当化する「装いにすぎない」とはねつけた。それだけではない。現段階で街宣をかけられたことがない新校舎への街宣禁止は前述した通り。そして、彼らの運動の根幹である動画のアップロード行為をも名誉毀損と認定した。ネット空間を半永久的に流れる映像についても裁断したのだ。

安堵の記者会見

京都弁護士会館での記者会見は安堵に包まれていた。「『公正な論評』との言葉に惑わされることなく、正しい判断をした」。弁護団長の塚本誠一が語り、他の登壇者が次々と語った。朴貞任は言った。「日本の社会、司法の場で私たちの安全が保たれたことで、新しい一歩が踏み出せる。そういった思いで胸がいっぱいになっています。子どもたちには何度も訊かれました。『朝鮮人が悪いのか』『朝鮮学校が悪いのか』。たくさん、問い詰められました。今日の判決を受けて、言いたいと思います。私たちには、友人がいるし、私たちは司法の場で認められた民族教育を堂々と受けていける。そういった土壌が日本の社会にあると、子どもたちに希望を持てと、堂々と生きていってほしいと、そういったことを親の立場で言える、そういった思いで、今日の判決を受け、本当に胸がいっぱいになってます」

「なんか、涙出てくるなぁ」。白いポロシャツ姿の金尚均は会見終了後、顔がクシャクシャに崩れるのを堪えながら朴と握手した。法的応戦を決意してから三年半、さまざまな局面で「覚悟と決断」を迫られた二人、そしてオモニ、アボジたちの心労がここに凝縮されていた。

マスメディアにとって、この裁判の最大の注目点は「『ヘイトスピーチ』をめぐる初の司法判断」との側面だった。その意味で判決は、「ヘイトスピーチ」の言葉こそなかったが満額回答に近かった。マイノリティが「正義の実現」を司法に求め、最後には跳ね返されて終わるケースを幾度も見てきたのかもしれない記者たちは、「差別を差別」と断ずる当たり前だが日本では珍しい原告勝訴の判決に高ぶっていた。『産経新聞』を除き、在阪一般紙も最大級の扱いで判決を報じた。「〝ヘイトスピーチ〟は差別」（『朝日』）、「憎悪表現に賠償命令」（『毎日』）、「ヘイトスピーチ『違法』」（『読売』）――。あの行為を日本の司法が断罪したのだ。判決は世界の三〇以上のメディアでも報じられた。

記者会見で記者たちがこぞって聞きたがったのは、判決の汎用性だった。この判決の枠組みを使えば、たとえば鶴橋や新大久保の商店街で人種差別的デモがなされ、かつ具体的な被害を確認できれば民事訴訟で闘うことも可能だ。民事訴訟は、カウンターでデモを包囲し怒号を無化できても、デモそれ自体を止められない現状を打破する武器になるかもしれない。だが、そうした考えは、原告らがこの間、三年半に亘って強いられた負担をあまりにも軽くみていた。夕刊時間帯を終えた二度目の記者会見で、判決の「使い出」についても質問が出ると、冨増四季弁護士は冷静さを保つように一呼吸置いて、全身からいらだちを発散させながら言った。「分かっていただきたいのはですね、裁判を起こすのって、ほんっとに大変なんですよ……」。三年半の闘いを間近で観てきた弁護団員や支援者の多くが同じ思いだった。

国際人権法の観点

画期的な判決。実は伏線はあった。日本は人種差別撤廃条約に加盟した一七六カ国中、「表現の自由」との兼ね合いなどを理由に条約四条(差別の禁止)を留保している五カ国の一つだ。条約に基づく委員会からは国内法の整備を含む条約の完全履行を求められている。そして二〇一〇年四月、人種差別撤廃委員会から出た最終見解では、次のような記述がなされた。「Korean schoolsに通う生徒を含むグループに対する不適切で下品な言動、及び、インターネット上での、特に部落民に対して向けられた有害で人種主義的な表現や攻撃という事象が継続的に起きていることに懸念をもって留意する」。第一初級の名前を出しているわけではないが、この第一初級に対する襲撃事件が、事件発生後わずか三カ月後に出た国連委員会の公文書で取り上げられたのだ。その上で委員会は、「人種的優越や嫌悪に基づく思想の流布を禁止することは、意見や表現の自由と整合するもの」との意見を表明し、日本政府が留保している条約の四条(a)(b)「差別扇動の法規制」について再三に亘って言及。「留保の範囲の縮小及びできれば留保の撤回を視野に入れて、検証することを慫慂《しょうよう》する」などと指摘した。(a)(b)については刑事規制を指すのが一般的な解釈だが、委員会はこうも勧告している。「憎悪的及び人種差別的表明に対処する追加的な措置、とりわけ、それらを捜査し関係者を処罰する取組を促進することを含めて、関連する憲法、民法、刑法の規定を効果的に実施することを確保すること」(強調、引用者)

事件が話題になったこの年の人種差別撤廃委員会で、差別犯罪への対応について訊かれた日本政府代表は、「(人種的動機は)量刑に反映されている」と答えている。この翌年に出た刑事事件判決はそれとは対極の軽い内容だったが、その一方、見解で求められた民事上の対応では言動の差別性を賠償額に反映させた判決は出ている。襲撃犯の一人が水平社博物館(奈良県)の企画展「コリアと日本――『韓国併合』から一〇〇年」展に絡み強行した差別街宣では、発言内容の悪質性を加味して一五〇万円の賠償命令が言い渡された。日本政府は、部落差別は人種差別撤廃条約の対象ではないとの立場で、この事件の判決でも同条約は援用されていないが、今回の判決は、結果的に勧告内容に一定程度、沿ったともとれる。逆に言えば今回の判決は、「現行法で対応できている(だから法規制は不要)」とのアピールに利用される恐れもあるものだった。

「ヘイトスピーチ法規制」と「表現の自由」の不毛な二項対立

一方で「満額回答」の判決は、それゆえに現行法の限界を示してもいた。判決は無形被害の認定に人種差別撤廃条約を最大限に展開する反面、たとえば漠然とした「朝鮮人は云々」的差別発言がなされた場合、「個人に具体的な損害が生じていないにもかかわらず、人種差別行為がされたというだけで裁判所が行為者に賠償金の支払いを命じること」は民法の解釈を逸脱しているとし、それは「新たな立法なしに行うことはできない」とした。これが仮に、繁華街でなされた「朝鮮人」一般への差別煽動ならば、刑事事件化はされず、民事もおそらく棄却されたということだ。刑事事件化をめぐっては「名誉毀損」と「侮辱」の隔たりが問題となったが、そもそも日本では、罵詈雑言から法で守る権利（法益）は「個人や法人などの集団の名誉」しか想定されていない。属性や統一的な意志を持たない集団に向けられた差別発言は何の問題もないのだ。「日本にはドンピシャリの法がない」（李基敦・アボジ会会長）のが現実である。今回の事件で賠償が認められたのは、攻撃がそれほど具体的かつ、直接的だったゆえだ。この判決は現行法でのマックスであることを自ら宣言もしていた。判決で浮かび上がったのは、現行法制が抱える「課題」なのだ。

だがマスメディアの報道には「一件落着」的な空気も感じられた。談話などでは「現行法で対処できる」との主張が散見され、「現行法でもヘイトスピーチに対応できることを示した」とする社説（『毎日』一〇月八日付）や、十年一日の「法規制は慎重を期すべき」（『朝日』同日付）という論調もあった。判決を通して問題を抉り出すのではなく、判決を日々のニュースの一つとして寿ぎ、そして忘れてしまう。判決の消費である。ヘイトデモそれ自体は依然行われており、それを止める術はないのだ。憲法一三条（個人の尊重、幸福追求権）、一四条（法の下の平等）が毀損され、人々の尊厳が蹂躙されていることをどう考えるのか？「表現の自由」で思考停止するのは、面倒くさいことには触れずにおくことと同根だ。この思考停止が、石原慎太郎らのヘイトスピーチを野放しにして、在特会らを跋扈《ばっこ》させ、さらにそれを放置してきたのではないか。日本各地でレイシストたちが警察に護られてデモをする事態を現前させた責任はどこに、誰に、あるのか？少なくともどのような規制のあり方が考えられるかを書かなければ、何も言っていないに等しい。マイノリティはどれだけ殴られても我慢しろというのか？「表現の自由」

と法規制の二項対立は、何よりも被害実態をあまりにも無視している。

法規制には原告側でも考え方の違いはあるが、共通するのは、ヘイトスピーチの法規制を「表現の自由」との二者択一では考えていないことだ。マスメディアではいまだ主流な「問い」の立て方だが、最前線の現場で「二項対立論」はまったくナンセンスである。

たとえば弁護団の中でも冨増は法規制には明確に反対の立場をとるが、「(やるならば)憲法二一条(表現の自由)との兼ね合いでも合憲な条文は可能」というのが前提だ。その上で言う。「立法運動をやれば、民族的アイデンティティや当事者の思いを広く訴える以上に反対する層ができる。本来、手を結べる者たちの間に分裂を持ち込みかねない」

冨増のもう一つの懸念は立法府への警戒だ。「諸外国の例をみても、差別規制法はマイノリティの正当な行為を弾圧する際に使われることも少なくない。当局は世論を反映して動くわけですから、マイノリティへの規制に向かう可能性は大きい。それから立法化の段階で、表現の自由への規制という論理をスライドされて、たとえば愛国法みたいなものが抱き合わせにされる可能性もある」。彼の念頭にあるのは、差別街宣が野放し状態な一方で、安倍晋三首相に意見するプラカードの掲示が公安によって暴力的に阻止される日本の状況であり、デモを「テロ」と同一視する人物が与党幹事長でいる現実である。

「それに法で上から叩こうとすると反発を呼ぶ。対峙している者たちが自らを被害者と規定する契機を与えてしまうわけです。むしろ敵を利することになる。そこで消耗するなら、民族教育への理解を広げることに労力を使い、味方を増やす方が限られたマンパワーを活用できる。プラスとマイナスを考えるとそうなる」。むしろレイシストを包囲する下からの動きを作り、広げることが肝要との立場である。

彼は徹底して足元からの包囲を模索している。一つは自治体での「ヘイト撲滅都市宣言」採択の運動化である。そして最優先の課題としているのが被害者へのケアだ。彼は、おそらく日本では初めてであろうヘイトクライムの被害者ケアの研究会をスタートさせようとしている。

一方で、保護者であると同時に刑法学者であり、事件を契機にヘイトスピーチの法規制の研究を続けている金尚均は、「社会的平等」という法益を基軸に、ヘイトスピーチ規制の是非について考えるべきだという。民事訴訟最中の二〇一二年は、ドイツで一年間に亘って調査、研究を行い、現代日本のレイシズムについても発表を重ねた。「ヘイトクライム研究会」を主宰し、各国の状況やどのような規制が考えられるかについての思索を仲間たちと重ねると同時に、今も日本各地を飛び回り、講演会や研究会で「法規制検討の必要性」を説いている。

金が問題にしているのは「個人の名誉」をスタートにした現在の法体系である。そこがヘイトスピーチの法規制における課題になる。金は言う。「ヘイトスピーチは民主主義の根幹である個人の平等を損ねる。『社会的平等』という法益を毀損する行為としてヘイトスピーチを捉え、その観点から法制度を再構築する必要があるでしょう」

差別煽動がホロコーストにつながった記憶を持ち、第二次大戦後も二〇年も経たぬうちにネオナチの台頭が起こった欧州では、差別煽動の法規制は常識であり、複数の国で差別煽動は「名誉毀損」よりも重大な犯罪である。「『表現の自由』を持ち出して規制に慎重な見解を示す人は多いですけど、そもそも表現の自由は名誉毀損罪や侮辱罪で限度を設けられてます。属性への侮辱表現は個人の名誉を毀損はしないけど、たとえば朝鮮人といった一定の属性を持つ人々に向けられた憎悪表現は、その人たちを自分たちより劣った二級市民として蔑む。ヘイトスピーチは人に人格権や生存権を否定されながら生きることを強いる。平等の否定です。それが野放しにされているのが今の日本の現状なんです」

金自身、一九九〇年代のドイツでネオナチから怒号を浴びた経験がある。彼はヘイトスピーチの放置と連鎖が、命に及ぶ犯罪にまでエスカレートする危険性をも指摘する。

「表現の自由」はもちろん大切な権利である。極右姿勢をむき出しにした安倍政権が専横を尽くしていく現今の状況では、権力を批判し、問題を抉る自由が必要なのはなおさらだ。だが「表現の自由」は絶対ではない。金が言うように「個人の名誉」などを基準に限度が設けられている。繰り返すが、ヘイトスピーチは憲法一三条、一四条、金尚均の言葉でいえば「社会的平等」という法益を侵害しているのだ。この現実を放置しておいて「表現の自由」を言うのは、安全圏で惰眠を貪る怠慢である。

そして法的枠組みをしつらえることは、差別を「否」とするメタメッセージを発することにもなる。前述したように、差別を犯罪行為として処罰する法律がないことは「差別行為」に甘いこの社会の「常識」を下支えし、それは検事や裁判官の人権意識をも規定している。

たとえば第一初級襲撃事件の主犯は、その後も二〇一三年一一月二五日の収監まで、各地でのヘイトデモに当たり前のように参加していた。二〇一三年夏にメディアを賑《にぎ》わせた島根県松江市教育委員会の『はだしのゲン』閲覧問題で、市教委を訪れ、「撤去」を執拗に迫った一人も彼である。結果的にいえば、差別を悪としない彼の行動を執行猶予で抑制できるとの裁判所の認識は甘かったのだ。むしろ執行猶予期間中ながら活動を続けることで、レイシストたちの間での彼の「人気」は上がっていた。少なくとも関西エリアでは、彼が参加するヘイトデモは明らかに参加人数が増えていたのだ。

彼は収監されたが、前述したように日本には、刑務所で差別や人権について学ぶプログラムはない。被告は自らの行為を後押ししたレイシズムについて見つめ、考える機会を持たないまま、再び社会に復帰するのだ。

スルーされた「民族教育権」

判決が浮かび上がらせたもう一つの課題は「民族教育権」だった。マイノリティが自ら属する集団の言語や文化を学ぶ権利である。少数者が自主学校をこれだけの規模と期間で運営してきた例は世界的に見ても珍しいが——その意味でも朝鮮学校は世界史的意義を持つ——、そこでなされている民族教育は、「子どもの権利条約」などに記された国際人権条約上の常識である。

だが判決は、原告が再三に亘って主張してきた民族教育権を綺麗に削除してしまっていた。朝鮮学校が襲われたのは、そこが朝鮮人を朝鮮人として育む民族教育の場だったからだ。侵害されたのは民族教育権(この場合は実施権)だ。しかし、判決は学校を「民族教育を行う学校」と認定してはいるが、侵害されたのは「学校法人としての教育業務」と一般化している。民事訴訟の判決は、双方の提出した準備書面(裁判官を説得するために自らの主張を書いて提出する書類)の、とりわけ勝訴した側のそれを切り貼りしながら論理的に結論へとつなげていくパズルのような作業だが、今回の判決では、弁護団が最も力を入れた「民族教育権」に関する部分は、見事なまでに削除されている。

おそらく「民族教育権」を明記すれば、大阪や名古屋、広島、九州でも提起された、高校無償化排除や自治体の補助金打ち切りに対する訴訟への影響が大きすぎると考えたのだろう。繰り返すが民族教育権は国際人権条約では当たり前の権利ではある。だが、それを認めれば、一貫して政府のとってきた朝鮮学校敵視政策が違法になるからだ。高裁、最高裁でひっくり返されずにこの勝訴判決を維持するためには、影響の大きすぎる「民族教育権」を書かない方がいいと裁判官らは判断したのかもしれない。

差別煽動への対応と民族教育権が問われた裁判は、言うなれば日本の国際人権条約上の「常識」に対する感度が問われた裁判でもあった。勝敗の行方を訊かれるたびに、冨増弁護士は繰り返した。「敵は在特会ではありません。この社会の常識です」。その「常識」とは、極端なレイシストたちを例外的な存在として断罪する一方、同化主義というレイシズムに抗う営為たる民族教育権を「権利」として明記せずに済ませたこの判決そのものである。判決には、食い破るべき「日本の常識」があらわれていた。

癒えない傷

法的には一定の「けじめ」が出たが、子どもたちのダメージは今も深刻だ。客に「在特会がいる」と言い張って、地元の回転寿司やファミリーレストランを拒む子もいる。ヘイトスピーチが社会問題になったがゆえに、テレビで流れた鶴橋や新大久保のデモ画像をたまたま目にしてしまい、「なんで見せたん！」と怒りを露にした子や、「アカン、もう日本人になろかな」と呟くのを聞いた親もいる。初級学校の高学年になっても一人で留守番するのを拒む男児もいれば、三年半が経っても古紙回収や選挙運動の拡声器を通した声に怯える子もいる。心的外傷は、原因となる出来事との因果関係がはっきりしなくなった時期に症状として現れることも多い。事件から三年を経て突然、一人でトイレに行けなくなった子もいる。専門的な知見から必要な対処がなされていない。日本の学校ならば、メンタルケアの専門家が派遣されているはずだが、朝鮮学校にその余裕はない。保健の先生すら財政的に雇用できないのだ。

当時の在校生で、今は映画『パッチギ！』の高校生たちが通っていた京都朝鮮中高級学校に学ぶ生徒は語る。「(通学路の)銀閣寺は観光客も多いですけど、道を訊かれても緊張します。登校する時は観光客の多い銀閣寺道を避けて裏門を使いますし、部活でチョゴリを着て移動する時は視線が気になるし、教材もハングルで書いてますから、バスや電車の中で開く時には緊張しますね」。我知らず身に付けた攻撃性を自覚したこともある。ネットであの時を思わせる文言を書いてきた同世代の日本人男子に感情が爆発し、徹底的にやり込めてしまったのだ。「『チョッパリ』(日本人の蔑称)とか汚い言葉をつい使ってしまって、オモニに言ったら怒られましたね。『(相手と)同じになったらアカンやろ』って」

無償化排除の影響もあり、日本の学校への「転校」を話題にする同級生も少なくないが、滋賀初級と京都第一の出身者には日本の学校を選択肢にする生徒はほぼいないという。「警察が来た学校と在特会が来た学校というのも影響してると思います」と女子生徒は語る。襲撃事件をめぐる民事訴訟の傍聴にも一度来たことがある。「在特会の人と弁護士が日本人なのは分かってましたけど、よく考えれば裁判長も日本人で、傍聴席にいるのも日本人ですよね。支援者ばかりだって後で分かって安心しましたけど、最初はみんなあっち側の人なんじゃないかと不安になってしまいました」

日本社会で朝鮮人であることの自己肯定感を育む場所で、差別街宣という最悪の形でこの国で朝鮮人であることの意味を刻みつけられた子どもたち。「あれ以降、子どもは『日本人』と聞くと目がつり上がるような部分が出てきて、在特会は日本人の一部で、日本人は基本的にはいい人だとことさらに言わなければいけなくなった」というオモニ(一九六六年生)もいた。同様の心づかいをするオモニは少なくない。在特会らの差別街宣とそれを今に至るまで許している私たちは、これだけのダメージを与えてしまったのだ。いつ爆発するか分からない、そしてもしかすると一生癒えずに引きずる傷を。

一方、高額賠償を命じられても在特会らのヘイトデモは止まらない。判決直後から掲示板やツイッターには「反日裁判官」「売国奴」などの書き込みが散見された。一一月四日には京都市内の繁華街で、「司法による勧進橋児童公園不法占拠事件の偏向判決を許すな！倍返しデモ」と題するデモを行った。先導車に乗っていたのは襲撃事件の主犯である。二〇〇九年六月一三日以降、京都では最大規模となる数百人規模のカウンターからの抗議を受けながらも、主犯は「スパイ養成機関」「日本の土地を奪った」など、民事訴訟で名誉毀損と認定されたフレーズをも繰り返した。彼らは控訴したが、今後も続く法廷闘争での心証形成はどうでもいいようだ。

闘いは続く

判決後の記者会見が終わり、出席者は近くのホテルでの報告集会に駆けつけた。一五〇人もの支援者の喜びとエネルギーに満ちた会場への到着は、さながらホームへの帰還だった。掲げられた横断幕には「ヘイトクライムのない社会を　民族教育権を保障しよう！」の文字があった。そのような社会の実現への希望を込めて、子どもたちがピンクや青、緑の絵の具で無数の手形を押した幕には、表現こそ違え、植民地時代から続く「同化か排除か」という暴力をここで断ち切るとの、朝鮮人と日本人の思いが込められていた。レイシズムの典型的な二形態、「排除」と「同化」との闘いの文脈において、この法廷闘争は人間の歴史的な闘いともつながっている。

勝訴判決後の報告集会は支援者の熱気に満ちていた．長机前には「ヘイトクライムのない社会を　民族教育権を保障しよう！」の文字に子どもたちが手形を付けた横断幕が掲げられていた（2013 年 10 月 7 日）

「子どもが来て、『ヘイトスピーチって何ですか？』って。そんなこと本当は教えたくないですよね……」。報告集会で朴貞任は、学校で横断幕を書いていた時のことを語った。

事件が突きつけたのは、この社会には確信的な悪意と敵意があること。それを後押ししているのは主権者が選んだ「選良」たちであり、マイノリティの苦境に沈黙するその他大勢の市民の無関心である。かつてホロコーストを可能にしたのも、「選良」の差別煽動と市民の無関心だった。彼、彼女らが対峙したのは「多数者への絶望と不信」だった。差別煽動は得てして被害者を加害者のレベルに貶める。力で対抗するのは煽動に乗った悲しい姿である。だが親たちは、子どもたちが生きるこの社会の今後を開くために、司法に賭けた。あまりにも非・人間的なものを見たがゆえ、あくまで人間的に闘いを開いていく。その「覚悟と決断」は、「敵の似姿」にならないという思想に貫かれていた。判決後、朴は語った。「思いを届ける場所があって、それを受け止めてくれる場所があった」

その紛れもない証が一〇〇人もの弁護団と、毎回、傍聴席を埋めた、延べ二〇〇〇人以上の支援者、そしてこの会場だった。弁護団で唯一の第一初級出身者で、裁判を通じて『故郷』ができた」と語った具良鈺は、報告集会でも言った、「帰る場所ができました」。具の言う「故郷」は、私、私たちが実現すべき「故郷」でもある。政府によるヘイトクライムは続いているが、ここからがスタートだろう。起こったことは変えられない。だが今を闘い、よりましな今後をつくることで、出来事の意味づけは変えられる。「過去は変えられる」のだ。

判決で勝ったのではない。諦めずに困難な訴訟に踏み切ったとき、彼らはすでに未来を切り開く一歩を踏み出していたのだ。真の勝利はそこにある。人が人間としての尊厳を求める闘いは、誰にも止められない。

あとがき

取材、執筆の過程で繰り返し襲撃映像を観た。嘔吐したのは初回だけだが、今でも激しい動悸や時に頭痛に苦しむ。幼少期の感情――日本人でないことを「ネタ」に、父が母を虐待する光景を幾度も目にした時に感じた、崩れ落ちるような感覚、人はこのような言葉を口にし、このように振るまえるのだという恐怖――を引きずり出されるのだ。

動画に私が見るのは、何よりも「私自身の不在」である。初回は襲撃を知らなかった。でも知った後も私は電話もしなかった。事の重大さを受け止めていなかっただけではない。私には、怒りと共に「とめどない下劣さ」への怯えがあった。

インタビューを始めたのは事件三年後の二〇一三年である。折しもヘイトスピーチが社会問題化し、取材者が群がり出した時期だったことも、疚しさを増幅させた。「あなたはその時、どこで何をしていたのか」。幾度も想起したのはこの言葉だ。二〇〇二年四月、イスラエル軍による虐殺事件が起きたヨルダン川西岸のジェニン・パレスチナ難民キャンプで、子どもたちの精神的ケアにあたっていたパレスチナ人の女性カウンセラー、ラナ・ナシャーシビーが、子どもから突きつけられた一言である。彼女は子どもに問われたのだ。「私たちが殺されている時、同胞のあなたはどこで、何をしていたのか?」と。

聴き取りの最中で、私は何度もあの時の、涙でいっぱいになったラナの目を思い出した。「私はあの時、どこにいたのか」。反芻していたのはこの問いである。身勝手を承知で言えば、証言を記録するのはあの場にいなかった私自身の「生き直し」だった。

　被害者たちの証言を聴き取り、差別とは人の尊厳を否定する重大な犯罪であると訴える。それが取材開始前の、そして初期の目的だった。だが、事件が残した傷はあまりに深かった。人はここまで残酷になれる。そしてこの社会では、人の「命」に斬りつける罵詈雑言が「表現の自由」として許容される。さらにはこの社会の多数者は、いまだもってこの行為に無関心を決め込んでいる。聴き取る私の内面でも、自分が生きる世界への信頼感覚が崩壊していった。

　だが私が聴き取った語りの中にあったのは、そうした否定的なものだけではなかった。在日朝鮮人の教育をめぐる歴史は、日本政府からの弾圧の歴史である。常に抑圧を受け、多数者に同化するか社会的排除に甘んじるかを迫られてきた。耳元で囁かれていた言葉は「諦めろ」「我慢しろ」だった。しかし、彼、彼女らは諦めなかった。人間の尊厳は何人にも奪えない。彼、彼女らの闘いの相手は、単に極端なレイシストたちではなく、この社会の「地金」そのものだった。その闘いの軌跡が描いていたのは、敵の似姿となることを拒み、先人の思いを引き継ぎ、子どもに未来を残そうとする意志、そしてこの社会で彼、彼女らが――そして、私たち自身が――「生きる動機」だった。

　私はこの「覚悟と決断の足跡」を伝えたいと思った。「人はかくあれる」ことをこの社会に投げ返したかった。その闘いが拓いた思想的な地平を知ってもらいたかった。この社会の多数者はもちろん、今はまだ理解できないかもしれない、あの時の子どもたちにも。

　事件から四年。朝鮮学校への差別は激化の一途にある。国連人種差別撤廃委員会からの「懸念」を無視して強行された高校無償化排除と相次ぐ自治体の補助金停止――公の「ヘイトクライム」は、まさに事件および裁判との同時進行だった。新大久保のカウンターたちの登場を契機に、状況は大きく変化したとはいえ、在特会らの活動は続く。私たちは、差別集団を許さぬ言動の幅と、反差別の連帯をさらに押し広げる必要がある。そして今後、問われるのは、「レイシスト」に対する私たちの怒りを、「レイシズム」――それは官民による民族差別の土壌であり、形を変えて今なお続くこの社会の終わらぬ植民地主義の資源だ――それ自体を批判し乗り越える回路に、しかとつなげることができるかどうかだろう。

「忘却が次の虐殺を準備する」――光州事件を創作の原点とする韓国の作家、文富軾《ムンブシク》が自著に引用した詩人の言葉だ。アラブ文学者の岡真理はこの言葉を手がかりに、世界の忘却と無関心がパレスチナ人の虐殺をエンドレステープのように繰り返してきたことを指摘して訴える、「私たちはガザ攻撃の後ではなく、次のガザ攻撃の前にいる」と。それになぞらえれば、私たちは「第一初級襲撃事件」の後ではなく、次の事件の前にいる。ならば今、私、私たちは何をすべきなのか？

瘡蓋をはがす「取材」に応じてくださった保護者や先生、当時の児童・生徒のみなさまには感謝の言葉もない。そして弁護士や支援者の方々、専門的知見を惜しげもなくご教示くださった松下佳弘さん、板垣竜太さん、師岡康子さん、ありがとうございました。路上で差別と対峙する方々からも多くを学んだ。『世界』編集長の清宮美稚子さんには連載時から出版までお世話になった。そして、写真を提供してくださった中山和弘さんにも深謝。最後に私をこの歴史につないでくれた山根実紀さん。遺された者として彼女の置いて行ったものを書き継ぎたい、その思いが本書執筆の出発点であり動機だった。書籍化が決まったとき、あとがきの最後の一文は決まっていた。実紀ちゃん、後押し、本当にありがとう。

二〇一四年一月一三日

中村一成

参考文献（紙幅の都合上、主要文献に限った）

小沢有作『在日朝鮮人教育論 歴史篇』、亜紀書房、一九七三年

金尚均「名誉毀損罪と侮辱罪の間隔——人の出自、民族、属性に対する誹謗・中傷について」、『立命館法学』三四五・三四六号、二〇一二年、三〇九—三三六頁

金尚均「ヘイトクライムと人権——いまそこにある民族差別」、石埼学、遠藤比呂通編『沈黙する人権』、法律文化社、二〇一二年、一七二—一九六頁

金徳龍『朝鮮学校の戦後史 1945-1972』、社会評論社、二〇〇二年

高野昭雄『近代都市の形成と在日朝鮮人』、人文書院、二〇〇九年

朴道済「子どもの目から見た『4・24教育闘争』」、京都・滋賀の民族教育〜4・24教育闘争60周年を迎えて〜演劇とパネルディスカッション 実行委員会編『京都・滋賀の民族教育〜4・24教育闘争60周年を迎えて〜演劇とパネルディスカッション 報告集』、二〇〇八年、二〇—二六頁

韓東賢『チマ・チョゴリ制服の民族誌（エスノグラフィー）——その誕生と朝鮮学校の女性たち』、双風舎、二〇〇六年

松下佳弘「占領期京都市における朝鮮人学校政策の展開——行政当局と朝鮮人団体との交渉に着目して」、『日本の教育史学：教育史学会紀要』第五四集、二〇一一年、八四—九六頁

前田朗編『なぜ、いまヘイト・スピーチなのか——差別、暴力、脅迫、迫害』、三一書房、二〇一三年

師岡康子『ヘイト・スピーチとは何か』、岩波書店、二〇一三年

Craig-Henderson, K. 'The Psychological Harms of Hate: Implications and Interventions', Perry, B. et al. eds., *Hate Crime: The Consequences of Hate Crime.* Preager Perspectives, 2009, pp. 15-30

Craig-Henderson, K., Sloan, L. R. 'After the Hate: Helping Psychologists Help Victims of Racist Hate Crime', *Clinical Psychology: Science and Practice.* Oxford University Press, 2003, pp. 481-490

Sonia Ryang, *North Koreans in Japan: Language, Ideology, and Identity.* Westview Press, 1997

中村一成
ジャーナリスト．1969年生まれ．毎日新聞記者を経てフリー．在日朝鮮人や移住労働者，難民を取り巻く問題や，死刑が主なテーマ．映画評も執筆している．著書に『声を刻む　在日無年金訴訟をめぐる人々』(インパクト出版会，2005年)，『なぜ，いまヘイト・スピーチなのか――差別，暴力，脅迫，迫害』(共著，前田朗編，三一書房，2013年)など．

ルポ　京都朝鮮学校襲撃事件
――〈ヘイトクライム〉に抗して

2014年2月25日　第1刷発行
2015年11月5日　第3刷発行

著者　中村一成《なかむらいるそん》

発行者　岡本厚

発行所　株式会社 岩波書店
〒101-8002 東京都千代田区一ツ橋2-5-5
電話案内 03-5210-4000
http://www.iwanami.co.jp/

印刷・三陽社　カバー・半七印刷　製本・松岳社

© Il-song Nakamura 2014
ISBN 978-4-00-025964-4　Printed in Japan

Ⓡ〈日本複製権センター委託出版物〉本書を無断で複写複製(コピー)することは，著作権法上の例外を除き，禁じられています．本書をコピーされる場合は，事前に日本複製権センター(JRRC)の許諾を受けてください．
JRRC　Tel 03-3401-2382　http://www.jrrc.or.jp/　E-mail jrrc_info@jrrc.or.jp

ヘイト・スピーチとは何か　師岡康子　岩波新書　本体七八〇円

ヘイトスピーチとたたかう！ ―日本版排外主義批判―　有田芳生　B6判一七四頁　本体一五〇〇円

知っていますか、朝鮮学校　朴三石　岩波ブックレット　本体五〇〇円

「語られないもの」としての朝鮮学校 ―在日民族教育とアイデンティティ・ポリティクス―　宋基燦　四六判二六二頁　本体三一〇〇円

在日外国人 第三版 ―法の壁、心の溝―　田中宏　岩波新書　本体八二〇円

岩波書店刊

定価は表示価格に消費税が加算されます
2015年9月現在